Blake · Versteh dein Pferd

Henry Blake

Versteh dein Pferd

Neue Wege der Verständigung

Mit 12 Fotos auf Kunstdrucktafeln

Müller
Rüschlikon

Copyright © 1975 by H. N. Blake
Die Originalausgabe ist erschienen unter dem Titel: Talking with horses
A Study of Communication between Man and Horse,
erschienen bei Souvenir Press Ltd., GB-London

Deutsche Fassung: Aus dem Englischen übersetzt von Sigrid Eicher

Eine Haftung des Autors oder des Verlages und seiner Beauftragten
für Personen-, Sach- und Vermögensschäden ist ausgeschlossen

ISBN 3-275-00607-X

Copyright © 1976 by Müller Rüschlikon Verlags AG, Gewerbestr. 10,
CH-6330 Cham

6. Auflage 1997

Gesamtherstellung: Franz X. Stückle, Druck und Verlag, D-77955 Ettenheim
Printed in Germany

Inhaltsverzeichnis

Vorwort

Vierzig Jahre Arbeit mit Pferden bilden die Grundlage zu diesem Buch. Die letzten zwanzig Jahre galten einem intensiven Studium der Verständigungsmittel, die Pferde untereinander und dem Menschen gegenüber anwenden. Meine Frau Leslie und unsere Tochter Paddy haben mit vollem Einsatz bei dieser Forschungsaufgabe mitgewirkt – daher kommt das Wörtchen «wir» in diesem Bericht so häufig vor.

Ursprünglich hatte meine Beschäftigung mit den Kommunikationsmöglichkeiten der Pferde einen ganz einfachen Zweck: Ich wollte die Verständigung und Übereinstimmung mit meinen Pferden verbessern, um mit ihnen auf der Rennbahn und bei Turnieren bessere Resultate zu erzielen. Schon recht früh hatte ich nämlich herausgefunden, daß ein Pferd am meisten leistet, wenn es zufrieden ist und Freude am Leben hat – um aber herauszufinden, wie ein Pferd in diese ideale Stimmung kommt, muß man es verstehen. Man muß seine Sprache lernen, seine Gedanken zu erfühlen wissen, im Umgang mit ihm die Verständigungsmittel anwenden, die ihm von Natur aus zur Verfügung stehen. Viele gute Reiter haben eine instinktive Verbindung zu ihrem Pferd – wir aber wollten Genaueres wissen und begannen deshalb systematisch die Grundlagen zu erforschen.

Erst gegen Ende unserer Arbeit kamen wir auf den Gedanken, daß ihre Ergebnisse auch für andere interessant sein könnten. So wurde dieses Buch geschrieben in der Hoffnung, daß es anderen Reitern und ihren Pferden nützlich sein und vielleicht einmal zum Ausgangspunkt für weitere Forschungen werden könne.

Henry N. Blake

I Pferde, von denen ich gelernt habe

Vielleicht bin ich nicht ganz normal, aber Pferde sind wirklich mein Leben. Sie sind für mich eine Droge, berauschender als LSD, tödlicher als Heroin. Boshafte Freunde meinen, die Süchtigkeit habe bereits meinen Geist angegriffen. Und im Gegensatz zu anderen Drogen sind Pferde ein Rauschmittel, von dem es keine Entwöhnung gibt: Ohne Pferde wäre ich nur ein lebender Leichnam.

Meine frühesten Erinnerungen gelten mehr Pferden als Menschen, und nicht Leute oder Orte, sondern Pferde bilden die Meilensteine meines Lebens.

Das erste, woran ich mich überhaupt erinnern kann, ist, wie ich vor meinem Großonkel Harvey Blake auf einem Pferd sitze; ich muß damals wenig mehr als ein Jahr alt gewesen sein. Und ich erinnere mich, daß kurz danach mein Vater einen schwarzen Vollblut-Wallach namens Masterpiece kaufte, ein äußerst schwieriges Pferd, das ausschlug und mit den Vorderbeinen nach jedem trat, der in seinen Stall kam. Ich konnte noch nicht lange gehen, als eine allgemeine Panik im Hause ausbrach, weil ich verschwunden und nirgends zu finden war. Erst nach längerer Zeit entdeckten mich Mutter und Vater, Kindermädchen und Landarbeiter, die mich alle gesucht hatten, in den Ställen, wo ich friedlich unter Masterpieces Futtertrog spielte. Als man versuchte, mich herauszuholen, hielt Masterpiece mit Hufen und Zähnen jeden davon ab, die Box zu betreten. Man mußte mich schließlich mit Süßigkeiten herauslocken. Von da an benützte ich Masterpieces Stall immer als Lieblingsplätzchen, wo ich unter dem Schutz des Pferdes ungestört spielen konnte. Außerdem hatte ich als ziemlich unartiges Kind schnell heraus, daß ich dort Zuflucht vor Strafen fand, sooft ich etwas angestellt hatte. Eltern oder Kindermädchen konnten noch so wütend draußen stehen – ich verließ meinen Schlupfwinkel erst, wenn man versprach, mich nicht zu verhauen. Diese Erfahrung lehrte mich schon im zartesten Kindesalter, daß Pferde meine Freunde und Beschützer waren.

Im Herbst 1933 besuchten meine Eltern den Jahrmarkt von Bridgwater und bezahlten zwei Pfund für eine kleine schwarze Dartmoor-Ponystute. Sie bekam natürlich den Namen Black Beauty und wurde Führerin, Lehrerin und Freundin der ganzen Familie. Sie war eine ausgeprägte Individualistin und konnte jeden Strick lösen und jede Tür öffnen. Als wir einmal versuchten, sie im Hof in die Enge zu treiben, entwischte sie durch die Hintertür der Speisekammer in die Küche, von da in den Flur und durch die Haustür ins Freie. Und wenn wir krank waren, wurde sie die Treppen herauf in unsere Schlafzimmer gebracht, um uns Gesellschaft zu leisten – als Belohnung für gutes Betragen. Sie war eine strenge Zuchtmeisterin; jede reiterliche Unart bestrafte sie, indem sie den Übeltäter mit Nachdruck auf den Boden setzte und dann wartete, bis man wieder aufgestiegen war. So lernte ich früh, daß ein Pferd sich für jede Verletzung seiner Anstandsregeln unverzüglich rächt.

Als ich das Schulalter erreichte, war es für mich selbstverständlich, für den Weg zur Schule und zurück ein Pony zu benützen, und als ein bis zwei Jahre später meine jüngere Schwester auch soweit war, ritt sie jeweils hinter mir her. Wir ritten immer auf dem bloßen Pferderücken, denn mein Vater war der Ansicht, die richtige Haltung zu Pferde lerne man nur beim Reiten ohne Sattel. Wir lernten traben, galoppieren und sogar springen, lange bevor wir einen Sattel hatten; den bekamen wir erst, als wir sieben Jahre alt waren.

Die nächsten fünf, sechs Jahre, bis ich ins Internat kam, ritt ich also täglich zur Schule. Gelegentlich, wenn wir unverschämtes Glück hatten, fanden wir beim Verlassen des Hauses am Morgen die Ponys nicht auf ihrer Weide; bei schönem Wetter wurde das dann ein Tag, den wir im Kalender rot ankreuzten; statt zur Schule zu gehen, suchten wir unsere Ponys, wobei wir höllisch aufpaßten, daß wir sie ja nicht fanden.

Das nächste Pferd, das eine wirklich bedeutende Rolle in meiner Erziehung spielte, war eine Fuchsstute, eine Vollblut/New-Forest-Kreuzung, die als Polo-Pony gezüchtet worden war. Chester war im Stall sehr schwierig zu handhaben. Da sie dünnhäutig und kitzlig war, schlug sie um sich und kreischte zornig, sobald jemand ihre Beine berührte oder sie zu striegeln versuchte. Aber sie war das erste Pferd, mit dem mich echtes Verstehen und gegenseitige Einfühlung verbanden. Nach einiger Zeit war ich imstande, vorauszusehen, was sie tun würde, und sie ihrerseits erspürte alle meine Stimmungen genau. Das machte sie zu einem fantastischen Gymkhana-Pony, und ich konnte zwei Jahre lang mit ihren Gewinnen mein Taschengeld aufbessern.

Noch während ich Chester hatte, traf ein anderes Pferd ein, von dem ich eine Menge lernen sollte. Der lokale Pferdemetzger Bert Newman, der meinem Vater schon seit Jahren Pferde verkaufte, wenn sie ihm zum Töten zu gut schienen, rief an und sagte, er habe eine vierjährige braune Dreiviertelvollblutstute, die er meinem Vater sehr billig für zehn Pfund überlassen würde. Als Vater erklärte, wir hätten schon viel zuviel Pferde, er wolle keines mehr, ging Bert auf fünf Pfund herunter. «Danke, nein», war die Antwort, und der Handel endete damit, daß Bert sagte, er schenke ihm die Stute «aus alter Freundschaft», und er schicke sie gleich herüber. Ich war damals dreizehn und ging noch immer zu Pferd in die Schule. Als ich an jenem Abend nach Hause kam, war die Stute vom Lastwagen abgeladen und zu ein paar Färsen in einen gedeckten Hof gebracht worden. Nach einigem Hin und Her konnte ich meinem Vater die Erlaubnis abringen, am nächsten Tag mit ihr zur Schule zu reiten.

Am folgenden Morgen ging ich in den Hof, um sie einzufangen und in den Stall zu bringen. Aber anstatt aus der dargebotenen Haferschwinge zu fressen, ging sie mit Zähnen und Vorderhufen auf mich los. Da knallte ich ihr das Halfter auf die Nase und sagte, sie solle aufhören, das blutrünstige Mistvieh zu spielen. Ich legte ihr das Halfter um, sattelte und zäumte sie und ritt zur Schule.

Fünf Minuten nach neun rief Bert an. Er habe schlecht geschlafen, sagte er, das Gewissen habe ihn nämlich geplagt, und mein Vater solle die Stute bloß nicht anfassen, denn sie sei gefährlich. Als er hörte, daß ich bereits mit ihr zur Schule geritten war, kam die ganze Geschichte heraus: Fearless hatte ihren früheren Besitzer, einen Farmer in Devonshire, getötet, und

Bert hatte Geld dafür bekommen, sie zu schlachten. Er wollte sie erschießen, sobald sie ausgeladen würde, aber da war dummerweise gerade einer vom Tierschutzverein dazugekommen und hatte verlangt, daß das Tier in seiner Gegenwart mit einer Schlachtmaske getötet werde. Da dies nicht möglich gewesen war, hatte Bert an meinen Vater gedacht.

Zwei Wochen lang ritt ich mit Fearless zur Schule, und abgesehen davon, daß sie an sich immer bereit war, mir ein Stück aus dem Leib zu beißen und mit den Vorderbeinen nach mir zu treten, hatte ich nicht die geringsten Schwierigkeiten mit ihr. Wir behielten sie bis zu ihrem Tode, und sie vergalt es uns tausendfach, denn mich bewahrte sie zweimal vor schweren Unfällen, und meinem Vater rettete sie das Leben.

Er hatte sie und ein junges Pferd vor dem Wagen und fuhr nach Hause, als das junge Pferd vor einem amerikanischen Armeekonvoi scheute und durchging. Fearless steuerte den Wagen und das andere Pferd zwischen die Militärfahrzeuge hinein und wieder hinaus und durch den übrigen Verkehr. Das tat sie, indem sie abschwenkte und das junge Pferd mit sich riß, wenn sie nach links wollte; und wenn sie nach rechts wollte, drehte sie den Kopf und biß es, daß es zur Seite wich. Mein Vater konnte mit den Zügeln nichts ausrichten, denn das junge Pferd war in Panik und reagierte überhaupt nicht mehr; Fearless aber konnte es in Schach halten und nach ungefähr drei Kilometer zum Stehen bringen.

Bösartig war und blieb Fearless, und doch kam ihr kein anderes Pferd gleich. Meine erste Begegnung mit ihr war eine Lektion, die ich nie vergaß: Wenn man Pferden gegenüber furchtlos und selbstsicher ist, wird man mit jeder Situation fertig.

Fearless leistete so gute Arbeit, daß wir sie nie zum Züchten benutzten, aber als sie elf Jahre alt war, wurde es ihr zu dumm, und eines Nachts riß sie aus und gesellte sich auf der benachbarten Weide zu ein paar Ein- und Zweijährigen. Darunter war ein unreifer zweijähriger Vollbluthengst, nicht einmal anderthalb Meter hoch. Fearless hatte ein Stockmaß von gut eins siebzig, und mein Vater schwor nachher immer, sie habe sich vom Hof eine Leiter geborgt; jedenfalls gelang es ihr in jener Nacht irgendwie, den jungen Corsican – so hieß der Zweijährige – zum Liebesdienst zu verführen, und elf Monate darauf brachte sie voll Stolz und Freude einen Sohn zur Welt und feierte das frohe Ereignis damit, daß sie mich biß, als ich hinunterging, um ihr zu gratulieren. Es gab nur einen passenden Namen für den Sohn, nämlich Folly. Er wurde das Eigentum meiner Schwester Olive, und während der nächsten fünf Jahre wuchs und gedieh er.

Mit drei Jahren wurde er zugeritten, und als ich ihn zugeritten hatte, brachte ich ihm bei, auf Kommando zu bocken. Er ging für mich jederzeit bolzengerade in die Luft, in einem mächtigen, kraftvollen Bocksprung, bei dem ich trotzdem mühelos oben blieb – meine Glanznummer, wenn ich als Achtzehnjähriger bei meinen Freundinnen Eindruck schinden wollte. Mein Vater spielte mit ihm Polo, meine Schwester Olive ritt ihn auf Jagden.

Kurz bevor Olive sich als Ärztin und Missionarin nach Neuguinea begab, wollte sie sich einen alten Traum erfüllen und ein Point-to-Point, ein Geländejagdrennen, bestreiten. Das war bei ihrem Gewicht von über neunundsiebzig Kilo und ihrer Größe von eins achtundsiebzig ein vollkommen verrücktes Vorhaben; aber wenn Olive sich etwas in den Kopf setzt, läßt sie nicht mit sich reden, also meldete sie Folly für das Amazonenrennen beim Axe Vale - Point-to-Point an. Während der ganzen Saison hatten zwei Pferde die Amazonenrennen im West Country beherrscht: Ching Ling und Shepherd's Pie. Die beiden waren so unschlagbar, daß alle anderen Reiterinnen mit der Zeit aufgaben, und als wir zum Axe Vale kamen, stellte sich heraus, daß nichts anderes mehr da war als Ching Ling, Shepherd's Pie und Folly.

Olive borgte sich meine Reithosen, Rennfarben und Stiefel und verzehrte ein herzhaftes Frühstück. Außer der Instruktion, selbst wenn sie sich den Hals breche, müsse sie zum Sattelplatz zurückkommen, um mir meine Rennfarben wiederzugeben, konnte ich nicht viel tun, um die bevorstehende Katastrophe abzuwenden. Obendrein bestand sie darauf, im Jagdsattel zu reiten, da sie noch nie mit einem anderen geritten hatte.

Olive und Folly waren offenbar der Ansicht, dies sei weiter nichts als eine erstklassige Jagd, und so legten sie die ersten vier Kilometer in gleichmäßigem Tempo zurück. Einen halben Kilometer vor dem Ziel fand Olive, es sei nun wohl an der Zeit, etwas zu unternehmen, um das Rennen zu gewinnen, und da Ching Ling und Shepherd's Pie zu diesem Zeitpunkt um anderthalb Hürden voraus waren, schien mir, sie hätte sich reichlich spät darauf besonnen! Aber Folly zog an, und nur weil er über dreißig Pfund mehr trug als die beiden besten Amazonenrennpferde Westenglands, wurde er um fünf Längen geschlagen. Wie es gekommen wäre, wenn er rechtzeitig zum Finish angesetzt hätte, weiß ich ehrlich nicht. Das Publikum, von dem niemand auf Olive gesetzt hatte, hätte sie bestimmt gelyncht, wenn sie Siegerin geworden wäre; so war es wahrscheinlich gut, daß sie sich Zeit ließ. Jedenfalls hatten sie und Folly ihren Spaß, und die kleine Geschichte soll nur zeigen, was ein gutes Pferd für seinen Besitzer tun kann, wenn es wirklich will.

Im darauffolgenden Jahr wurde Folly an Bekannte von uns verkauft, und als wir vor zehn Jahren aus der Gegend wegzogen, ging er immer noch Jagden, und zwar gut.

Kurz nach der Erfahrung mit Fearless wurde meinem Vater klar, daß er sein Geschick im Umgang mit widerspenstigen Pferden nutzen sollte. So ließ er in der Zeitschrift *Horse and Hound* eine Reihe von Anzeigen erscheinen: «Übernehme verrückte und bösartige Pferde in Kauf oder zum Zureiten.»

In den nächsten fünf bis zehn Jahren trafen in Martock und Crewkerne, zwei Bahnhöfen, die beide ungefähr sechs Kilometer von unserm Hof entfernt waren, immer wieder schwer zu behandelnde und nicht zu reitende Pferde ein. Da in jenen Kriegsjahren Hilfskräfte knapp waren, wurde ich jeweils hingeschickt, um sie zu holen, und bekam dabei stets strikte Anweisung, die Tiere nach Hause zu *führen*. Ich aber, ebenso faul wie ungehorsam, sah nicht ein, wieso ich zu Fuß gehen sollte, wenn ich ein Pferd bei mir hatte, und ritt eben außer dem ersten und letzten halben Kilometer den Weg nur mit dem Halfter. Anderntags amüsierte ich mich dann insgeheim königlich, wenn mein Vater die ganze Zureitprozedur mit dem Pferd durchnahm, bevor er es als sicher genug befand, daß ich darauf reiten durfte. Natürlich war mir klar, daß es nicht mein Verdienst war, wenn ich diese ungebärdigen Pferde reiten konnte, sondern daß sie nach zehn- oder zwölfstündigem Rumpeln und Schlenkern im Eisenbahnwagen jedem freundlich begegnet wären, der sie aus ihrem Elend befreite und nett zu ihnen war. Nachdem ich sie zehn Minuten lang gestreichelt und mit ihnen geplaudert hatte, war ich ihr Freund fürs Leben und konnte mit ihnen machen, was ich wollte. Sie waren immer Pferde mit viel Verstand und Charakter, und ich lernte eine Menge von ihnen, vor allem, daß Freundlichkeit, Sanftheit und Festigkeit jede Untugend kurieren können.

Ich war um die vierzehn, als ein Pferd kam, das nicht viel Verstand oder Charakter hatte. Dennoch war das, was es mich lehrte, grundlegend für meinen ganzen späteren Umgang mit Pferden. Es war ein Vollbluthengst namens The Toff, und wir erhielten ihn, weil er sich absolut nicht fangen ließ. Nach einer Woche fand ich es an der Zeit, ihm das Eingefangenwerden beizubringen. Er graste allein auf einer nicht ganz einen Hektar großen Weide. Gleich nach dem Frühstück fing ich an, und während der nächsten neun Stunden ging ich hinter The Toff her, auf und ab und rund um die Weide, und nie ließ er sich fangen. Nach der ersten halben Stunde wurde ihm die Sache so langweilig, daß er sich erst bewegte, wenn ich ihm ganz nahe war; aber er blieb dabei, von mir wegzugehen, wegzugehen und wegzugehen. Und das neun Stunden lang. Dann gab er klein bei. Er ließ sich fangen und das Halfter umlegen. Schon damals wußte ich, daß ich ihn als erstes mächtig loben und als zweites gleich wieder freilassen mußte. Die nächsten anderthalb Stunden lief ich ihm wieder nach, auf und ab und rund um die Wiese. Dann fing ich ihn zum zweiten Mal ein, machte wiederum ein großes Aufhebens und ließ ihn frei. Noch einmal ging ich zwanzig Minuten lang hinter The Toff her, fing ihn zum dritten

Mal ein, lobte ihn und ließ ihn abermals frei. Das führte ich fort, bis ich ihn einfangen und loslassen konnte, wie ich wollte, und dann, nach vierzehn Stunden, ging ich meinen Tee trinken. Er lehrte mich eines: Wenn man mit einem Pferd etwas anfängt, muß man es zu Ende führen, egal, was geschieht. Man muß dabeibleiben, bis man erreicht hat, was man sich vorgenommen hat, muß unendlich geduldig sein, darf nie die Nerven verlieren; und wenn das Tier tut, was man wollte, soll man es loben und streicheln und das Ganze so oft wiederholen, bis es zur Selbstverständlichkeit wird. Was aus The Toff geworden ist, weiß ich nicht, er ist meinem Gedächtnis völlig entfallen, aber ich werde ihm immer dankbar sein, daß er mich das Wichtigste von allem lehrte, was ich über den Umgang mit Tieren weiß.

Während der Kriegszeit ließ Vater um seines guten Gewissens willen alle Pferde auf der Farm arbeiten: So konnte er Pferde halten und sich einbilden, es sei mehr zum Wohle der Nation als zum eigenen Vergnügen. Ich erinnere mich an einen herrlichen Vollblutwallach namens Caravan, der sich anschirren lassen und eines der landwirtschaftlichen Fuhrwerke ziehen mußte, damit aber gar nicht einverstanden war und gelegentlich durchging – was niemand schätzte, denn er konnte ein tolles Tempo vorlegen. Eines Tages fuhr ich mit ihm aus dem Hof, wo ein Bauarbeiter gerade den gemauerten Torpfosten fertig reparierte, den das Pferd demoliert hatte, als es vierzehn Tage zuvor wieder einmal durchgegangen war. Ich fuhr einen halben Kilometer die Straße hinunter und stieg aus, um das Gatter zum Acker zu öffnen. Da hatte sich Caravan auch schon samt dem Karren herumgeschwungen und sauste in gestrecktem Lauf hügelan zurück. Der Arbeiter hatte die Mauer eben beendet und trat zurück, um sein Werk zu bewundern, als Caravan um die Ecke bog und die neue Mauer wieder flach lag. Was der Maurer dazu sagte, war nicht jugendfrei.

Doch Caravan war ein wunderbares Pferd, ebenso mutig wie entschlossen. Den Winter über war er nur einen Morgen in der Woche gesund, und zwar dann, wenn ich ihn zur Jagd mitnahm. Wenn die Jagd am Montag war, war Caravan am Montag wohlauf. Bei der Heimkehr von der Jagd lahmte er, und er lahmte bis zum nächsten Jagdtag, dann war er wieder gesund. Ich begann mich bald zu wundern, woher er jeweils wußte, daß eine Jagd bevorstand, noch ehe er mich gesehen hatte.

Von all den verrückten und bösartigen Pferden, die wir hatten, war keines wirklich verrückt oder bösartig. Sie waren alle nur überdurchschnittlich intelligent und höchst temperamentvoll. Es waren mißverstandene, mißhandelte Pferde. Es waren Pferde, die man vor lauter Liebe verdorben hatte. Die «Verbrecher» waren Pferde von starkem Charakter im Besitz von Leuten von schwachem Charakter oder, in ein paar Fällen, von brutalen Menschen. Eines ist mir besonders in Erinnerung geblieben; es hieß Breakspear und stand im Ruf, ein abscheulicher Bocker zu sein. Vater und ich gingen zu Arthur Brakes Farm, um ihn anzusehen, und Vater kaufte ihn gleich auf dem Hof. Er beschloß, ihn nach Hause zu reiten. Ich war damals fünfzehn und hatte mir beim Rugbyspielen das Bein gebrochen, so daß es nun vom Oberschenkel bis zum Knöchel eingegipst war. Vater warf das Pferd um, bevor er es zu reiten versuchte. Es war leicht umzuwerfen und benahm sich tadellos. Ich weiß noch, wie mein Vater sagte, entweder sei das Pferd ganz besonders schlimm, oder es fehle ihm überhaupt nichts. Er setzte den Fuß in den Steigbügel und saß auf. Breakspear vollführte einen höllischen Bocksprung, Vater flog hoch in die Luft und schlug dann hart auf dem Boden auf. Wieder stieg er auf, und wieder wurde er abgeworfen. Nach dem dritten Mal gelang es ihm, oben zu bleiben. Nun ergab sich das Problem, wie wir das Auto nach Hause bringen sollten. Voll jugendlicher Zuversicht bot ich mich an, hinter meinem Vater herzufahren. Ich hatte den Wagen schon ein paarmal in der Farm herumgesteuert, also stieg ich ein und fuhr mit Rucken und Zucken über den Hof von Arthur Brakes Farm. Ein paar hundert Meter weiter erwartete mich mein Vater auf der Landstraße. Er hatte sich überlegt, daß er noch zwei Söhne zu Hause hatte, es sich also notfalls leisten könnte, mich zu verlieren; dagegen bestand wenig Aussicht, in dieser Kriegszeit einen neuen Wagen aufzutreiben. Also half er mir aus dem Auto, und Breakspear, der ihn auf dieser kurzen Strecke weitere fünfmal abgeworfen hatte, stand ganz still, während ich aufsaß, mein eines Bein stocksteif im Gips. Er brachte mich heim wie ein braver alter Ackergaul. Er wußte, daß ich hilflos gewesen wäre, wenn er gebockt hätte, darum trug er mich den ganzen Weg sicher und behutsam. Das zeigt, welche Güte und Rücksicht selbst das schwierigste Pferd einem Reiter entgegenbringt, der seiner Obhut anvertraut ist. Sein Nachfolger hatte eine ganz andere Macke. Es war eine große Rotschimmelstute, ein Prachtpferd, aber mit einem unseligen Hang: Sobald sie jemand auf dem Rücken hatte, sauste sie zum nächsten Baum und versuchte, den Reiter gegen den Stamm zu rammen oder ihn an den Ästen abzustreifen. Bei mir probierte sie es einmal und hatte Erfolg. Beim zweitenmal lief sie stracks auf die große Ulme zu. In der letzten Sekunde, als ich sah, daß keine Hoffnung bestand, sie zur Seite zu lenken, riß ich sie so herum, daß sie selbst kopfvoran an den Stamm knallte. Ich flog herunter, und sie ging zu Boden wie abgeschossen. Zuerst dachte ich, ich hätte sie umgebracht. Fast fünf Minuten lang regte sie sich nicht. Als sie sich schließlich taumelnd aufrappelte, war sie eine ganze Portion klüger und weniger übermütig als zuvor. Ich stieg wieder auf und ritt mit ihr auf der Wiese herum, und sie versuchte den Trick nie mehr. Aber die Geschichte zeigt, daß eine blitzschnelle Reaktion, eine unverzügliche Strafe ein Pferd von den meisten Untugenden heilt. Als sie mich das erstemal abwarf, fluchte ich nicht und schrie sie auch nicht an, sondern stieg einfach wieder auf; aber beim zweitenmal rannte sie in den Baum und schlug sich selber k. o. Als sie aufwachte, stand ich neben ihr und sprach ihr ruhig und sanft zu, und nach ein bis zwei Monaten verlor sie jede Lust, Menschen zu Schaden zu bringen. Sie begriff, daß wir ihre Freunde waren.

Im Frühjahr 1946 besuchte Vater die Taunton-Rennen – gleich nach dem Krieg wurden wieder Hindernisrennen veranstaltet. Auf dem Sattelplatz der Dreimeilenbahn befand sich ein grauer Wallach namens Lucky Bargain. Was meinen Vater an ihm anzog, war, daß er seinen Jockey dreimal abwarf und den Ärmsten zuletzt so ins Geländer schmiß, daß er das Rennen nicht bestreiten konnte. Vater kaufte seinem entmutigten Besitzer den Wallach um fünfundzwanzig Pfund ab. Ich möchte schwören, daß Lucky zählen konnte. Wann immer man ihn ritt, er warf einen dreimal ab. Nach dem dritten Mal ließ er sich zufrieden den ganzen Tag lang reiten. Er war ein sehr gutes Pferd. Und er lehrte mich, oben zu bleiben. Er wand und drehte sich oder sprang pfeilgerade auf, preschte vor und schlug aus oder hielt plötzlich an und buckelte auf der Stelle. Er machte es einem fast unmöglich, im Sattel zu bleiben. Gleichzeitig aber war er ein äußerst sanftes, gutmütiges Pferd, denn wenn er einen abgeworfen hatte, wartete er immer brav, bis man wieder aufgesessen war. Auf der Jagd oder beim Rennen gab er stets alles, was er hatte. Er war ein großherziges Pferd.

Einmal verkaufte ihn mein Vater, warnte aber den Käufer, daß das Tier bockte, und dieser gab ihn ins Training. Nach drei Monaten hatte der Trainer genug, mein Vater kaufte das Pferd auf dem Markt von Exeter zurück, und wir behielten es bis zu seinem Tode.

In den nächsten fünf Jahren hatte ich eine ganze Menge verschiedene Pferde, mit deren Hilfe ich immer mehr lernte, denn nur wenn man eine große Zahl von Pferden beobachtet und zu verstehen sucht, kann man lernen, welches Verhaltensmuster jeder Rasse eigen ist und welche Regeln mehr für Pferde im allgemeinen oder mehr für Pferde im besonderen gelten.

Ein Pferd hatten wir zum Beispiel, das von Rennen völlig vergrämt war. Es war ein großer Fuchs namens Tomahawk II., in Frankreich gezogen und Sieger vieler Hürdenrennen und Zweimeilen-Steeplechases. Aber er hatte eine Abneigung gegen Rennen entwickelt und wollte nicht mehr starten. Er ging einfach rückwärts. Er konnte sich so schnell rückwärts bewegen, wie andere Pferde vorwärts traben, und sein Trainer und Besitzer hatte ihn deshalb aufgegeben und an Bert Newmans Sohn George verkauft, der ihn um fünfzehn Pfund an mich weitergab.

Meine Frau und ich ritten ihn einige Zeit, und mit der Zeit gewöhnten wir ihm das Rückwärtslaufen ab, indem wir einfach geduldig waren und gar nicht erst versuchten, ihn zum Vorwärtsgehen zu zwingen. Wir blieben im Sattel, bis er von selbst vorwärts gehen wollte, und dann ging er ganz ruhig und zufrieden. Innerhalb von drei Monaten hatten wir ihn soweit. Er war eines der Pferde, die das Leben lebenswert machen: als er zu uns kam, war er arm und unglücklich und konnte die Menschen samt und sonders nicht leiden, aber als wir ihn anderthalb Jahre später weitergaben, war er glücklich, sanft und bereit, in jedermann einen Freund zu sehen.

Ich mußte meine Pferde immer weggeben, wenn sie einmal in Ordnung waren, weil ich es mir einfach nie leisten konnte, sie zu behalten. Meine Pferde mußten sich selber durchbringen und mir helfen, mich durchzubringen. Doch es gibt noch einen anderen Grund, warum ich Pferde kommen und gehen ließ. Ich fand immer, wenn ich schon die Gabe hätte, mit schwierigen Pferden zurechtzukommen, müßte ich diese Gabe auch nützen. Hätte ich sie auf ein einziges Pferd konzentriert, wären viele andere, die ich bei mir hatte, niemals wieder geradegebogen worden und hätten wahrscheinlich als Katzenfutter geendet.

Ein Ereignis aus jener Zeit ist mir besonders im Gedächtnis haften geblieben. Ich lebte damals in der Nähe von Lyme Regis und betrieb eine Schweinefarm, und wir hatten fünf noch ungerittene Dreijährige. Eines Tages sammelten sich Jäger und Hunde in der Nähe zu einer Jagd, aber ich beschloß, nicht daran teilzunehmen, weil mein Pferd unten im Dorf war. Ich arbeitete in der Farm, als die Hunde Beute aufspürten, fing den nächstbesten Dreijährigen ein und zäumte ihn auf, und obwohl er noch nie zuvor geritten worden war, ging er ruhig mit; ich ritt ihn eine halbe Stunde lang, bis die Hunde wieder bei der Farm waren und ich ihn abzäumte. Kaum hatte ich ihn wieder freigelassen, fanden die Hunde einen weiteren Fuchs, und da das Pferd ein wenig müde war, fing ich das nächste der fünf ein – und so weiter während des ganzen Tages, bis ich alle fünf zur Jagd geritten hatte. Sie alle gingen vollkommen ruhig, ausgenommen das fünfte, das etwa fünf Minuten lang bockte; das war aber auch alles. Ich lernte daraus etwas sehr Wichtiges: die Schranke vor dem erstmaligen Reiten eines Pferdes liegt nicht im Pferd, sondern im Kopf des Reiters. Es ist eine geistige Schranke.

Im Februar 1954 hatte ich geheiratet, und im März 1955 wurde meine Tochter geboren. Mit dem Argument, Schwerarbeit sei eine Belohnung wert, bat mich meine Frau, ihr ein Pferd zu kaufen. Also ging ich Anfang April auf den Markt in Exeter. Ich fand rein gar nichts, was mir gefallen hätte. Während ich mit Arthur Brake plauderte, von dem wir etwa zehn Jahre vorher Breakspear gekauft hatten, hörte ich plötzlich einen Tumult und sah einen Dreijährigen, der sich aufbäumte und nach allen Seiten sprang. Zwei Leute hielten ihn an einer langen Leine, und die Zuschauer rundum stoben weg wie Konfetti. Die Herausforderung war zu stark für mich: Ich erstand ihn für das Erstgebot von siebenundzwanzig Pfund. Das Pferd – wir nannten es nach ihrem Heimatort Cork Beg – trug meine Frau gut zwanzig Jahre lang auf allen Jagden und erwies sich als dasjenige, das uns am meisten über Verständigung mit Tieren beibrachte.

Ich will hier nicht viel über ihn erzählen, da er in den Seiten dieses Buches noch mehrmals erscheinen wird. Aber unsere Beziehung hatte einen interessanten Beginn. Es war sehr schwierig, ihn für die Heimfahrt in den Pferdetransporter zu bekommen, ich mußte ihn über eine Viehrutsche treiben. Zu Hause angelangt, entließ ich ihn ins Rindergehege, um ihn einzufangen, und dabei bemerkte ich, daß er in bezug auf seinen Kopf sehr schreckhaft und überhaupt leicht erregbar war. Ungefähr zwei Monate später, als er zugeritten war, beschloß ich daher, ihn dazu zu erziehen, daß er sich Berührungen an den Ohren gefallen ließ. Ich nahm ihn in den Hof, setzte mich auf seinen Rücken und fuhr ihm mit der Hand den Hals hinauf. Er schlug heftig mit dem Kopf. Wieder strich ich ihm den Hals aufwärts, wieder schlug er mit dem Kopf. Ich wiederholte das ungefähr zehn Minuten lang, dann brach seine Erregung durch, und er raste die Straße entlang. Als er merkte, daß er mich weder aus der Ruhe gebracht, noch von seinem Rücken befördert hatte, wandte er sich jäh zur Seite, sprang über einen andert-halb Meter hohen Stacheldrahtzaun und blieb am obersten Strang hängen. Wir krachten beide zu Boden. Ich reagiere immer schnell, wenn es darum geht, eine goldene Gelegenheit beim Schopf zu packen; also setzte ich mich so auf seinen Kopf, daß er nicht aufstehen konnte, und verbrachte die nächste halbe Stunde damit, immer und immer wieder mit den Händen über seinen Kopf und Hals zu streichen. Es kurierte ihn nicht völlig, aber er war doch nie mehr ganz so empfindlich am Kopf, auch wenn er noch jahrelang scheinbar zur Salzsäule erstarrte, sobald man seine Ohren anfaßte.

In den ersten vier, fünf Jahren war es schwierig, ihm die Hufe zu beschneiden oder zu beschlagen. Meist landeten der Hufschmied, ich und wer sonst noch in der Nähe war, im Hof auf dem Misthaufen. Mit der Zeit wurde es besser, doch ließ er sich zeit seines Lebens nur beschlagen, wenn ich bei ihm blieb. In den letzten zehn Jahren brauchte ich nur dazusitzen und mit dem Hufschmied zu plaudern, dann hielt er still.

Er war eine richtige Persönlichkeit. Meine Frau besorgte ihn selbst und rief mich nur zu Hilfe, wenn er allzu wild war. Sobald er mich bei solchen Gelegenheiten kommen sah, gürtete er die Lenden zum Kampf, und dann kämpften wir miteinander und hatten beide unsere helle Freude daran. Meist endete es damit, daß meine Frau wütend wurde und mich beschimpfte, aber das gehörte bei diesem Pferd dazu. Cork Beg starb im Alter von zweiundzwanzig Jahren.

Neun Monate vor seinem Tod leistete er sich etwas Beson-deres. Er tummelte sich mit seiner damaligen Freundin – der alte Herr mußte immer eine kleine Freundin bei sich haben – in einer sumpfigen Wiese, und sie überquerte ein Sumpfloch, worauf er ihr, sein Alter vergessend, nachlief und steckenblieb. Als wir ihn fanden, war er halb versunken; nur sein Rücken, sein Kopf und seine Ohren schauten heraus. Nach anderthalb Stunden Schwerarbeit gelang es meiner Frau und mir, ihn auf ein Stück festen Boden mitten im Sumpf zu wälzen. Es war einer dieser verhexten Momente: normalerweise stehen, wenn etwas passiert, tausend Leute hilfsbereit herum, nun aber sahen wir fast zwei Stunden lang keine Menschenseele und standen allein dem Problem gegenüber, den Alten irgendwie über rund fünfzig Meter Sumpf zu befördern. Ich eilte nach Hause, holte drei Sperrholzplatten von 1,50 × 1,20 m und baute eine Plattform auf dem Morast. Der Alte stand nur auf drei Beinen, aber er schaffte es, von seiner Insel auf die erste Holzplatte zu humpeln, dann auf die zweite, die dritte; inzwischen hatte ich die erste wieder vorn angesetzt, und so ging es weiter. Langsam und ruhig folgte der Alte meiner Frau von einem Brett zum andern. Wenn er jeweils ganz sicher war, daß die Plattform ihn tragen würde, humpelte er darauf. So brachten wir ihn nach Hause. Sein eines Hinterhand-Gelenk war inzwischen stark angeschwollen, so daß wir dachten, er müsse sich eine Sehnenzerrung zugezogen haben, und ihn frei herumhinken ließen. Während der folgenden zwei Monate ließ er uns drei- bis viermal täglich durch einen Schrei wissen, daß er am Boden lag und nicht aufstehen konnte, und dann mußten wir hinaus. Meine Frau stützte ihn unterm Kopf, so daß er auf die Vorderbeine kam, und ich kroch unter sein Hinterteil und hievte, bis er das gesunde Bein hervorziehen und aufstehen konnte. Es schien ihm nie etwas auszumachen. Ganz vergnügt humpelte er mit seiner Freundin umher, und nach und nach setzte er behutsam den verletzten Fuß wieder auf. Im September, ungefähr ein halbes Jahr später, war er wieder auf allen vier Beinen, wenn auch noch ein wenig steif im Gelenk. Als der alte Herr am 17. Oktober starb, ließen wir das Bein sezieren, und da stellte sich heraus, daß das Gelenk querdurch gebrochen gewesen und von selbst geheilt war.

Ein Jahr nach dem Kauf von Cork Beg ging ich wieder auf den Markt, diesmal auf der Suche nach einem Pferd für mich selbst, als ich plötzlich aus einem Gehege ganz hinten etwas wie eine Botschaft auffing: «Bring mich um Gottes willen hier heraus!» Wie von einem Magneten wurde ich zu einem klapperdürren, schmutzig-braunen Vollblut hingezogen. Als er versteigert wurde, erstand ich ihn für vierzig Pfund. Der Gaul hieß Weeping Roger, und er war es, der mich veranlaßte, ernsthaft zu erforschen, wie Pferde sich untereinander verständigen und wie der Mensch sich mit ihnen verständigen könnte.

Von Anfang an schienen Roger und ich eine starke Affinität zueinander zu haben. Beim Umgang und bei der Arbeit mit ihm wurde mir zum erstenmal richtig klar, welche Macht ein Mensch über ein Pferd haben kann, wenn er wirklich seinen Geist anstrengt, es zu leiten und mit ihm zurechtzukommen. So fing ich an, über die ganze Frage der Kommunikation zwischen Mensch und Pferd nachzudenken, darüber, wie weit sie offensichtlich von der *geistigen* Lenkung abhängig war. Wenn das stimmte, dann waren die konventionellen Trainingsmethoden unrentabel und untauglich.

Ich beschloß, meine Ideen auszuprobieren. Ungefähr zur selben Zeit hatte mein Vater einen vierjährigen Vollblutwallach gekauft, der zwei Jahre lang als Zuchthengst benutzt und dann kastriert worden war. Ich bat Vater, es bei diesem Wallach mit einer neuen Methode des Zureitens versuchen zu dürfen. Sieben Tage lang arbeitete ich intensiv mit dem Pferd, suchte in freundschaftlichen Kontakt mit ihm zu kommen und eine Gedankenbrücke zu ihm zu bauen; am zweiten Tag schon saß ich auf, und während der nächsten fünf Tage ritt ich es jeweils eine Stunde am Morgen und am Nachmittag. Es war ein vollkommen unzugerittenes Pferd, aber am siebenten Tag nahmen wir es mit nach Taunton, wo mein Vater und ich Polo spielten; ich ritt es bei einer langsamen Chukka, und es machte seine Sache ausgezeichnet. Am darauffolgenden Mittwoch, zehn Tage nach der ersten Annäherung an das Pferd, spielte ich wieder auf ihm Polo, diesmal in einer schnellen Chukka, und es tat nicht einen einzigen falschen Schritt. Es wurde ein wirklich erstklassiges Polo-Pony, das Freude an dem Spiel hatte.

Normalerweise dauert es mindestens zwei Jahre, bis das Pferd zum Polo-Pony ausgebildet ist; mit der Gedankensteuerung brachte ich es dazu, das gleiche zu wollen wie ich, und hatte damit die Arbeit von zwei Jahren in zehn Tagen geschafft!

Ich war ganz außer mir; ich hatte das Gefühl, daß ich in eine echte Entdeckung gestolpert war, der ich nun unbedingt auf den Grund kommen wollte. Was hatte es denn genau auf sich mit der Gedankensteuerung? Worin bestand eigentlich meine Verbindung zu Weeping Roger? Während der folgenden Jahre bemühte ich mich, diesen Geheimnissen auf die Spur zu kommen, und ich erlebte weitere Beweise für die außergewöhnliche Wechselbeziehung, die es zwischen Mensch und Pferd geben kann. Ein solches «Beweisstück» war ein Pony, das ich für mein Töchterchen Paddy kaufte.

Als Paddy etwa drei Jahre alt war, ging ich wieder einmal auf den Markt in Exeter und kaufte ein dreijähriges Pony, eine Dartmoor-Shetland-Kreuzung, keinen Meter hoch. Natürlich war es zu klein, als daß ich es hätte zureiten können, darum bat ich die Tochter eines Nachbarn, es für mich zu tun. Darwi (so hieß der Kleine) und Doreen liebten sich auf den ersten Blick und entwickelten eine so enge Freundschaft, daß Darwi, der durch jede Umzäunung schlüpfen konnte, sooft er sich nachts einsam fühlte oder langweilte, die vier Kilometer zu Doreen unter die Füße nahm und an ihr Fenster polterte, bis sie kam und mit ihm sprach. Doreen machte das nichts aus, aber ihre Eltern waren gar nicht entzückt.

Darwi leistete Paddy ein paar Jahre lang außerordentlich gute Dienste. Dann gaben wir ihn an einen Freund weiter, der für seine kleine Tochter ein Kinderpony brauchte. Acht Jahre hörten wir nichts mehr von ihm. Wir zogen nach Wales, und Doreen ging irgendwo arbeiten. Eines Tages besuchte mein Vater ein Gymkhana, und wer begrüßte ihn da mit unverwechselbarer Stimme? Doreen! Vater hatte kaum fünf Minuten mit ihr geplaudert, als beider Aufmerksamkeit von einem Pony angezogen wurde, das sich am anderen Ende des Platzes die Seele aus dem Leib wieherte. Auf einmal sahen sie, wie dieses Pony mit einem Kind auf dem Rücken mit einem Satz durchging. Kind und Pony kamen in rasendem Lauf rund um den Ring zu dem Platz gesaust, wo Vater und Doreen standen, und hielten schlitternd an. Vater rettete das Kind, und das Pony begrüßte

Doreen. Nach acht Jahren hatte es ihre Stimme von der anderen Seite des Platzes her erkannt. Doreen und Darwi hatten, glaube ich, nicht mehr als drei bis vier Monate lang zusammengearbeitet. Das Band zwischen ihnen aber bestand noch nach acht Jahren.

Solche Erfahrungen verdoppelten meine Begeisterung für die Forschungsarbeit, die wir damals begannen, und ermutigten mich, den Sinn der Zeichen, Laute und anderen Signale zu ergründen, mit denen Pferde einander, wie wir beobachten konnten, ihre Absichten und Wünsche zu verstehen geben.

2 Die einzigartige Bindung zwischen Mensch und Pferd

Die elementare Verständigung mit Pferden ist ganz einfach, es gehört durchaus nichts Übermenschliches dazu. Es ist nicht schwer, einem Pferd beizubringen, wie es sich mit dem Menschen verständigen und dessen Mitteilungen verstehen kann. Wenn der Reiter an den Zügeln zieht, hält es ohne größere Schwierigkeiten an – es hat gelernt anzuhalten, wenn es den Druck des Gebisses fühlt. Ein Druck mit dem Absatz bedeutet, daß es vorwärtsgehen soll. Es läßt sich nach rechts und nach links lenken. Man kann einem Pferd ziemlich schnell alles beibringen, was überhaupt innerhalb seiner physischen Möglichkeiten liegt. Das alles ist bereits Kommunikation, denn der Mensch verständigt sich mit dem Pferd mit Hilfe einer Sprache, die beide verstehen, einer Zeichensprache, die der Mensch dem Pferd beigebracht hat.

Aber das Pferd verständigt sich auch mit anderen Pferden, und diese Art der Kommunikation wollte ich verstehen lernen. In den letzten zwanzig Jahren habe ich meine ganze Energie darauf verwendet, die Sprache aufzuschnappen, die Pferde untereinander, aber auch bei der Kommunikation mit dem Menschen benutzen. Ich war nämlich schon immer überzeugt, daß die Verständigung zwischen Reiter und Pferd auf einer anderen – und zwar einer subtileren – Ebene stattfindet als mittels Zügel und Absatz. Aber natürlich war ich mir darüber im klaren, daß ich erst herausfinden mußte, wieviel davon dem Menschen bereits bekannt war, bevor ich irgend etwas unternehmen konnte.

Die Frage, warum die Menschen Pferde und nicht etwa Kühe, Schafe oder Schweine ritten, begann mich zu beschäftigen, als ich zwischen zwölf und vierzehn Jahre alt war, und ich unternahm einige Versuche in dieser Richtung. Ich versuchte, die Jungrinder und Schweine auf unserer Farm zu reiten, und nachdem ich des öfteren auf dem Boden gelandet war, kam ich zu dem Schluß, daß sie deshalb so schwierig zu reiten waren, weil sie nicht zur Zusammenarbeit bereit waren und einfach nicht so mitarbeiteten, wie Pferde das tun. Dieser Schluß stellt aber schon eine neue Frage: Warum lassen sich Pferde reiten und andere Tiere nicht? Es war offensichtlich, daß Pferde klüger sind als Kühe oder Schweine. Ebenso offensichtlich waren sie auch stärker. Und doch sind Kühe sehr viel gutmütiger als Pferde, gehen leichter vor dem Wagen, sind ruhiger, beständiger und viel ungefährlicher im Umgang. Reiten aber lassen sie sich nicht. Es kann auch kein Selbsterhaltungstrieb sein, was Kühe den Reiter abschütteln läßt, denn Rinder und Pferde werden von denselben Raubtieren gejagt. Ich konnte nur annehmen, daß es zwischen Mensch und Pferd eine einmalige Beziehung, eine besondere Verbindung gibt, die zu keinem anderen Tier existiert, ausgenommen vielleicht die zum Hund. Warum das so sein sollte, konnte ich mir damals auch nicht erklären, aber es sollte mir später aus Büchern und meinen eigenen Erfahrungen langsam klar werden.

Aus den Büchern lernte ich, daß Pferde auf den Höhlenzeichnungen des prähistorischen Menschen zuerst als Beutetiere dargestellt waren und erst später als Reittiere für Jagd und Kampf. Pferde sind in den Gräbern der Pharaonen abgebildet, von Pferden handeln Sagen der alten Griechen. Griechische Bildhauer verewigten Pferde auf ihren wundervollen Friesen. Der berühmte Xenophon schrieb vor 2400 Jahren in seiner «Reitkunst»: «Pferde werden nicht durch Strenge, sondern durch Güte erzogen.»

Seine hervorragende Reitertruppe eroberte Alexander dem Großen einen Großteil der damals bekannten Welt, und er erkannte wahrscheinlich auch als erster, daß es von Vorteil war, die heißblütigen arabischen Pferde mit den kaltblütigeren Schlägen Europas zu kreuzen. Wie eng seine Beziehung zu seinem eigenen Pferd war, geht schon aus der Tatsache hervor, daß dieser Bukephalos eines der ersten Pferde war, dessen Name in der Geschichte überliefert wurde.

Die Sage von den Kentauren, die halb Mensch, halb Pferd sein sollten, beruht wahrscheinlich auf Reiseberichten über den mongolischen Stamm der Hsiung-nu, die später unter Attila als Hunnen in Mittel- und Südeuropa Furcht und Schrecken verbreiteten. Die Hsiung-nu waren Nomaden, ein Volk von Hirten und Kriegern; man sagte ihnen nach, daß sie auf dem Pferderücken geboren würden und reiten könnten, bevor sie laufen lernten. Pferde waren zu allem da: Mehr als zwei, drei Schritte zu gehen, wäre ihnen ebensowenig eingefallen wie zu fliegen. Daraus entstand wohl die Sage von dem Stamm, der halb Mensch und halb Pferd war.

Daß Julius Cäsar einen großen Teil Europas der römischen Herrschaft unterwerfen konnte, beruhte mit ziemlicher Sicherheit auf seinen hervorragenden Eigenschaften als Befehlshaber der Kavallerie. Auch von ihm weiß die Geschichte zu berichten, daß er und sein Pferd unzertrennlich waren. Und Kaiser Caligula hielt der Sage zufolge so viel von seinem Pferd Incitatus, daß er es zum Senator machte, weil es angeblich «treuer und klüger als jedes andere Mitglied des Senats» war.

Mongolische Reiterhorden bildeten im 12./13. Jahrhundert die Truppen des Dschingis-Khan, und auch von ihnen hieß es, daß sie auf dem Pferd empfangen und geboren wurden, zu Pferd heirateten und zu Pferd starben. Einmal eroberte Dschingis-Khan eine Stadt, die als uneinnehmbar galt, weil sie von schroffen Klippen geschützt war. Die Verteidiger hatten es für unmöglich gehalten, daß irgend jemand sie erklettern konnte – Dschingis-Khans Reiter bewältigten sie zu Pferd!

Die gemeinsame Basis für all diese historischen Ereignisse ist die unerklärliche Verbundenheit zwischen Mensch und Pferd. Später waren es die normannischen Ritter und die sagenhaften Reitertruppen des Osmanischen Reiches, die große Teile der damals bekannten Welt eroberten. Der Schlüssel zum Sieg lag in jedem Fall im Verständnis für das Pferd und dessen Gebrauch; denn diese historischen Armeen bestanden aus Reitern, die sich mit ihren Pferden verständigen konnten.

Es gibt eine Geschichte von einem arabischen Scheich mit Namen Dschebel, der das schnellste Pferd der Welt besaß. Damals herrschte in Damaskus Hassad Pascha. Er wollte die Stute haben und machte Dschebel wiederholt die großzügigsten Angebote, die jedoch alle abgelehnt wurden. Drohungen fruchteten ebensowenig, und schließlich überredete Hassad einen Beduinen namens Gafar, die Stute zu stehlen. Als Belohnung versprach er ihm einen Futtersack voll Gold. Der Handel sprach sich jedoch herum, und Dschebel verdoppelte seine Wachsamkeit. Nachts legte er eine eiserne Kette um ein Hinterbein seiner Stute und befestigte das andere Ende der Kette unter seinem Bett. Aber eines Nachts gelang es Gafar, sich ins Zelt zu schleichen und die Kette zu lösen. Einen Augenblick bevor er mit der Stute das Weite suchte, nahm er Dschebels Lanze auf, stieß ihn mit dem Griff an und rief: «Ich bin Gafar, ich habe deine edle Stute gestohlen und setze dich rechtzeitig davon in Kenntnis.» Das entsprach dem Wüstenkodex, denn es galt als durchaus ehrenwert, das Mitglied eines anderen Stammes zu bestehlen, und Gafar wollte auch den Ruhm für seine Tat haben. Als Dschebel diese Worte hörte, stürzte er aus dem Zelt, schlug Alarm und sprang auf den Rücken eines Pferdes, das seinem Bruder gehörte. In Begleitung einiger Stammesmitglieder verfolgte er den Räuber mehrere Stunden. Die Stute von Dschebels Bruder stammte aus derselben Zucht wie die von Dschebel, war aber nicht ganz so schnell. Trotzdem galoppierte sie Dschebels Begleitern davon und war im Begriff, den Räuber zu überholen, als Dschebel diesem zurief: «Kneif sie ins rechte Ohr und laß sie deinen Absatz spüren». Gafar tat es und entschwand wie der Blitz, so daß jegliche Verfolgung sinnlos wurde. Dschebel hatte dem Räuber die Geheimzeichen preisgegeben, mit denen er seine Stute zu größter Schnelligkeit antrieb. Dschebels Begleiter konnten sich über sein Verhalten nicht genug verwundern und entrüsten. «Deine Dummheit ist unübertrefflich», schrien sie. «Dem Dieb den Raub erst zu ermöglichen!» Er aber antwortete: «Lieber verliere ich sie, als daß sie ihren Ruhm verliert. Konnte ich dulden, daß man unter den Stämmen sagt, eine andere Stute sei schneller gewesen als meine? Wenigstens dieser Trost bleibt mir. Ich kann sagen, daß sie nie besiegt wurde.»

Es ist eine wunderbare Legende, und im Grunde handelt es sich darum, daß die Stute nicht wußte, worum es ging, solange nicht die richtige Art der Verständigung angewendet wurde. Kaum hatte sie den richtigen Befehl erhalten, riß sie sich zusammen und galoppierte davon wie der Wind.

Auch in Amerika gibt es unzählige alte Geschichten über Pferde, aber von allen indianischen Stämmen machten nur die Mohikaner den Versuch, das Pferd zu studieren und zu verstehen. Sie beließen dem Pferd seinen Mut und sein Feuer, weil sie sich nicht einfach auf den Rücken eines rohen Pferdes setzten und es ritten, bis es zusammenbrach. Sie ließen sich tagelang Zeit, es mit dem Menschen vertraut zu machen, sprachen mit ihm, fütterten es und gewöhnten es mit äußerster Behutsamkeit an das Reitergewicht. Sie verbrachten Stunden damit, dem Pferd seine Decke aufzulegen und wieder abzunehmen, bis es sich daran gewöhnte, und wenn das Pferd verstanden hatte, was sie von ihm wollten, hatten sie keinerlei Schwierigkeiten mehr mit ihm.

Im letzten Jahrhundert gab es in allen Teilen der Welt Männer, die als Roßbändiger berühmt waren. In Amerika war es Reary, in Australien Galvin, in Irland Dan Sullivan der

Flüsterer, und in England war es Palmer und später Captain Hayes. Die Geschichten über sie sind Legion, aber sie haben einen gemeinsamen Zug, und das ist die Fähigkeit des jeweiligen Helden, auch das schwierigste und wildeste Pferd unter Kontrolle zu bringen und zu beherrschen. Dabei waren ihre Methoden verschieden. Reary benutzte beim Bändigen ein System von Seilen und warf das Pferd zu Boden. Galvin verließ sich auf eine Reihe «humaner Bremsen», wie er es nannte. Andere wie Palmer verwendeten «Zähmungsöl», das nach unterschiedlichen Rezepten zubereitet wurde. Manchmal wurde Rosenholzöl angewendet, dann wieder Origanum, und manche Leute schworen auf schlichten Schweiß aus ihren Achselhöhlen. All diese Techniken hatten einen gemeinsamen Vorzug: Sie gaben dem, der sie anwandte, ein gewisses Maß von Selbstvertrauen im Umgang mit einem schwierigen Pferd.

Von den Roßbändigern alten Stils war Sullivan der Flüsterer wahrscheinlich der größte, denn er verließ sich ausschließlich auf sein persönliches Talent. Er ging zu Pferden in die Box, die als Verbrecher, Schläger oder sonstige Mistviecher galten, und ließ die Tür hinter sich verschließen. Nach einer Stunde oder so öffnete er die Tür und führte das Pferd ganz ruhig am Halfter heraus. Der Flüsterer nahm keine Schüler an und weihte auch seine Söhne nicht in sein Geheimnis ein. Er hütete es so eifersüchtig, daß es ihm nicht einmal sein Priester in Ballyclough in der Beichte entreißen konnte. Sullivans Söhne erzählten oft voll Stolz die Geschichte, wie Ehrwürden auf der Straße nach Mallow den Flüsterer traf und ihn beschuldigte, mit dem Teufel im Bunde zu sein. Der Flüsterer brachte Ehrwürdens Pferd dazu, daß es meilenweit durchging, bis der heilige Mann in seiner Verzweiflung schwor, nie wieder nach Sullivans Geheimnis zu fragen. Nur einer von Sullivans Söhnen übte dieselbe Kunst aus, aber er hatte in Wirklichkeit keine Ahnung, was er machen mußte, und die anderen beiden gaben gar nicht erst vor, etwas darüber zu wissen. Der Flüsterer hatte eine große Anziehungskraft für mich, weil ich ebenfalls die Fähigkeit hatte, mit schwierigen Pferden umzugehen, und ich dachte oft darüber nach, worin seine und meine Begabung einander glichen. Ich glaube, er benutzte ein ähnliches System wie das, das wir zur Besänftigung eines Pferdes verwenden. Vermutlich berührte er das Pferd mit der Hand und ahmte die Bewegungen einer Stute nach, die zärtlich die Nase an ihrem Fohlen reibt. Sobald das Pferd die vertrauten Zeichen verstanden hatte, entspannte es sich, und Sullivan sprach die ganze Zeit mit seinem sanften, eintönigen irischen Singsang auf das Tier ein, bis er es mit beiden Händen berühren und ein Band des Verstehens zwischen sich und dem Pferd schaffen konnte.

Der englische Roßbändiger Palmer benützte ein Öl, das er sich auf die Hand strich. Dann hielt er dem Pferd die Hand unter die Nüstern und blies ihm den Geruch in die Nasenlöcher, und daraufhin wurde jedes Pferd sofort sanft und fügsam. Barbara Woodhouse berichtet, daß eine ähnliche Methode, allerdings ohne das Öl, noch heute in Südamerika praktiziert wird. Vermutlich wurde die Methode Mitte des vorigen Jahrhunderts dorthin exportiert. An dem Verfahren ist nichts Ungewöhnliches: Wenn sich zwei Pferde treffen, blasen sie ebenfalls durch die Nüstern, je nach Laune entweder sanft oder heftig. Wenn sie sich nicht mögen, stoßen sie die reinsten Trompetentöne aus. Wenn dagegen eine Mutterstute ihr Fohlen liebkost, bläst sie so zart, daß es kaum zu hören ist. Palmer sagte mit seinem Blasen nicht mehr als: «Ich bin dein Freund, ich tue dir nicht weh.» Wer es selbst versucht, sollte als nächstes das Pferd mit der Hand berühren und mit den Fingern physischen Kontakt aufnehmen. Auch das wird das Pferd verstehen, denn wenn zwei Pferde Angst haben, drängen sie sich eng aneinander und suchen den Körperkontakt.

Das Prinzip ähnelt dem, das dem von den Mohikanern benutzten System zugrundelag. Auch sie suchten den physischen Kontakt mit ihren Pferden, und sobald dieser Kontakt hergestellt war, begann das Pferd zu verstehen, weil der Mensch dieselben Zeichen benutzte wie das Pferd.

Damit müßte klar sein, daß allen diesen Methoden eines gemeinsam war: sie machten Gebrauch von Zeichen, die auch die Pferde selbst benutzen; statt das Pferd mit Hilfe fremder Zeichen und Laute auszubilden, verwendeten sie Zeichen und Laute, die das Pferd schon verstand.

Die von Captain Horace Hayes angewandten Methoden sind so bekannt, daß ich hier nicht näher darauf einzugehen brauche. Interessant dagegen ist, daß einer seiner Schüler Captain Ward Jackson war, und daß dieser Captain im Ersten Weltkrieg der Vorgesetzte meines Vaters in Indien war. Ward Jackson nahm meinen Vater als Schüler an und brachte ihm Hayes' Methoden bei, und mein Vater brachte sie natürlich wieder mir bei. Deshalb fühle ich mich Horace Hayes immer sehr verbunden. Es gibt eine wunderbare Geschichte über ihn, die meines Wissens noch nicht bekannt ist. Als Hayes in Indien diente, speiste er eines Abends in einer benachbarten Offiziersmesse. Der Wein war gut, und es wurde ihm gut zugesprochen; die ganze Gesellschaft kam ziemlich in Stimmung, und alle redeten ausgiebig. Nun besaß aber der Oberst dieses Regiments ein Pferd, das nicht zu reiten war, und zu fortgeschrittener Stunde verkaufte er es an Hayes und wettete dann mit ihm, daß es ihm nicht möglich sein werde, dieses Pferd bei der Parade am nächsten Tag zu reiten. Die Wette ging um fünfhundert Rupien. Horace Hayes lag viel daran, diese Wette zu gewinnen. Er verließ das Fest und verbrachte den Rest der Nacht damit, mit dem Pferd zu arbeiten. Am nächsten Morgen ritt Hayes das Pferd bei der Parade, und es ging hervorragend unter ihm. Als der Oberst befürchten mußte, daß seine fünfhundert Rupien verloren waren, ordnete er ein «Feu-de-joie» an, was bedeutete, daß die Mannschaft nach Lust und Laune in die Luft ballern durfte. Als die Schießerei losging, verschwanden alle Pferde samt ihren Reitern am Horizont – mit Ausnahme von Hayes und seinem Pferd. Es stand wie ein Fels, ruhig und entspannt. Als der Befehl zum Feuern kam, hatte Hayes die Füße aus den Bügeln gezogen und sich eine Pfeife angezündet. Er war so entspannt, daß sein Pferd keine Notiz von der Ballerei nahm. Die anderen Offiziere hatten dagegen befürchtet, daß ihnen die Pferde durchgehen würden. Sie hatten deshalb die Zügel angenommen und sie damit noch mehr erschreckt als die Gewehr-salven. Diese Geschichte zeigt besonders schön, wie sehr ein Mensch ein Pferd beherrschen kann, wenn sich die Beherrschung sowohl auf geistiges als auch auf körperliches Gebiet erstreckt.

Diese Art Beherrschung und Verständnis beschränkt sich zweifellos nicht nur auf Pferde. Vermutlich besteht bei jeder Art von Tierhaltung die Kunst darin, die Tiere, mit denen man umgeht, zu kennen und zu verstehen und zu wissen, wann etwas nicht in Ordnung ist. Ich erinnere mich an einen Vorfall, der sich ereignete, als ich ungefähr zwölf Jahre alt war. Erstaun-licherweise war ich eines Morgens vor Les, unserem Viehhirten, im Kuhstall (es war das einzige Mal, daß ich je vor ihm da war). Ich weiß noch, wie er hereinkam und noch halb unter der Tür sagte: «Was ist mit Pride los?» Er konnte die Kuh da noch gar nicht sehen, aber als er zu ihr ans andere Ende des Stalls ging, lag sie mit Milchfieber im Stroh. Zwischen Les und seinen Kühen bestand eine sehr ähnliche Verbindung wie zwischen mir und meinen Pferden.

Ein Schäfer kann seinen Schafen gegenüber die gleiche intuitive Sympathie hegen. Ich habe einen Schäfer sagen hören, daß er zu der Zeit, in der die Lämmer geworfen werden, oft mitten in der Nacht aufstand, ohne recht zu wissen weshalb, zu seinen Schafen ging und daß «kaum ein Gang umsonst» war, wie er sich ausdrückte. Immer war irgend etwas nicht in Ord-nung, um das er sich kümmern mußte.

In den letzten zwanzig Jahren hat das Problem der Kom-munikation mit Tieren immer mehr an Bedeutung gewonnen. Die Russen waren die ersten, die vor etwa zwanzig Jahren anfingen, ernsthafte Studien auf diesem Gebiet zu treiben. Das Interesse der Amerikaner erwachte etwas später. Es scheint jedoch, als hätten die Russen einen falschen Weg eingeschlagen. Sie arbeiteten hauptsächlich mit Hunden und Ratten, und meiner Meinung nach ließen sie sich dadurch in die Irre führen, daß es bei den Ratten eine Anzahl von Zeichen mit festgelegter Bedeu-tung gibt, die leicht zu unterscheiden sind. Das ermutigte die Forscher, auch für andere Zeichen und Laute – und auch für die anderen Tiere – Muster festzulegen. Die Ratte besitzt z. B. ein bestimmtes Notsignal und andere Zeichen für Alarm: es handelt sich um stimmliche Signale, die eine große Reichweite haben. Wenn eine Ratte eine andere trifft, gibt sie ein Ultraschallquieken von sich, wobei der Tonfall des Quiekens ihre Stellung in der sozialen Hierarchie angibt. Auch der Hund verfügt über eine Reihe von Lauten mit bestimmter Bedeutung. Diese Laute zu beobachten, ohne andere Arten der Kommunikation in Betracht zu ziehen, führt jedoch in eine Sackgasse. Sie sind nur ein Teil des tierischen Verständigungssystems, und es ist ganz offensichtlich unmöglich, eine Sprache zu verstehen, wenn man nur einen Teil davon versteht.

Wie wir noch zeigen werden, läßt sich das menschliche Verhaltensmuster der Kommunikation nicht ohne weiteres auf die tierische Art der Kommunikation übertragen. Jede Tierart unterscheidet sich von der anderen. Man darf nicht davon ausgehen, daß die von einer Tierart benutzte Art der Verständigung in irgendeiner Weise parallel zu der von einer ganz anderen Tierart benutzten Art der Kommunikation läuft. Zum Glück wurde die geringe Forschungsarbeit, die in England überhaupt in Tierkommunikation investiert wurde, in Verbindung mit der Verhaltensforschung bei Tieren durchgeführt. Das bedeutet, daß die Forschungen nicht nach dem erwähnten einseitigen Muster verliefen. Frau Doktor Martha Kylie hat mit Kühen gearbeitet, und Meek und Ewbank haben an der Liverpool University einige Studien unternommen. (In Afrika wurden Gorillas und Schimpansen nach den gleichen Gesichtspunkten mit viel Erfolg beobachtet.) Von diesen Forschungsarbeiten über die Kommunikationsmittel von Tieren ist jedoch bisher sehr wenig praktischer Gebrauch gemacht worden.

Die Amerikaner dagegen haben ihre Forschungsergebnisse dazu benutzt, Delphine für militärische und beiläufig auch für filmische Zwecke abzurichten. Der Film «Der Tag des Delphins» ist ein faszinierendes Beispiel dafür, wie sich Forschungsergebnisse über die Kommunikationsmittel von Tieren verwenden lassen. Die sechs in diesem Film agierenden Delphine wurden vor der Küste von Florida von dem Tiertrainer Peter Moss gefangen. Er bemerkte später, daß an der Situation, die sich zwischen George C. Scott, dem Hauptdarsteller, Mike Nicolls, dem Regisseur, und den Delphinen entwickelte, einiges mehr war als eine normale Beziehung zwischen Tier und Mensch. Das Verhältnis war so eng, daß ein Zuschauer, der die Delphine bei der Arbeit gesehen hatte, steif und fest behauptete, daß sie «sich ausdrücken», d. h. daß sie wirklich schauspielern könnten. Nicolls selbst sagte, er ertappe sich dabei, daß er auf die Delphine genauso reagiere wie auf launische Schauspieler. An manchen Tagen war er begeistert von ihnen, an anderen Tagen haßte er sie. Da Spielen die Hauptbeschäftigung der Delphine ist, bestand ihr Lieblingsspiel darin, die Unterwasserbeleuchtung durcheinanderzubringen, so daß das Filmen manchmal buchstäblich unmöglich war. Nicolls regte sich maßlos über sie auf, wenn sie irgend etwas, was sie sehr wohl tun konnten, einfach nicht taten; aber zwei Minuten später kamen sie angeschwommen, rieben ihre Bäuche an seinen Füßen und knabberten an seinen Zehen, als wollten sie – seinen eigenen Worten zufolge – sagen: «Komm, reg dich doch nicht so auf!» Einmal saß Nicolls neben dem Schwimmbecken, las das Drehbuch für den nächsten Tag und kraulte mit einer Hand den männlichen Delphin, der die Hauptrolle spielte, an der Zunge. Man hatte ihn Buck getauft, und Buck lag einfach so da, stützte den Kopf auf den Rand des Bassins und ließ seinen Rachen weit offenstehen. Dann sah Nicolls Buck an und wußte plötzlich, daß er jetzt zum Filmen bereit war. Wie auf ein Stichwort schwamm der Delphin zur anderen Seite, schob sich unter den Arm des Jungen, der in dieser Szene mitspielte, und schwamm dann – mit dem Jungen immer noch im Schlepp – durch eine enge Öffnung. Sein Zeitgefühl war so genau, daß er den Darsteller genau im richtigen Augenblick an die richtige Stelle brachte, so daß er seine zwei Zeilen sprechen konnte. Alles in allem wurde die Szene zehnmal wiederholt, aber immer war sie wegen der Lichtverhältnisse unbrauchbar. Beim elften Versuch erhob sich Buck, der bis dahin nicht einen einzigen Fehler gemacht hatte, steil aus dem Wasser, gab eine Reihe von Lauten von sich, die sich zum Schluß wie das «Tooor»-Gebrüll von Fußballzuschauern anhörte, drehte abrupt ab und schwamm davon. «Das hatte ich befürchtet», sagte Moss. «Er begann sich zu langweilen.»

Für Peter Moss ist es kein Problem, den Delphinen beizubringen, was sie tun sollen. Schwieriger wurde es schon, als von einem Delphin verlangt wurde, daß er «ängstlich und besorgt» aussehen sollte. Schließlich brachte Nicolls es ihm bei. Moss selbst sagte, daß die Leute ihn für verrückt erklären würden, wenn er versuchen wollte, die Beziehung zu erklären, die sich zwischen den Delphinen und dem Regisseur entwickelte.

Man hatte beschlossen, die Delphine nach Beendigung der Dreharbeiten freizulassen. Nach Nicolls eigenen Worten gab es dabei allerdings schließlich keinerlei Freiwilligkeit der Filmer, als es endlich soweit war: Sobald die letzte Szene abgedreht war, trafen die beiden wichtigsten Delphine ihre eigene Entscheidung, machten kehrt und schwammen hinaus ins Meer. Sie nahmen ihr Schicksal selbst in die Hand, aber erst als sie wußten, daß der Film fertig war.

Man könnte diese Geschichte als die typische Erfindung eines Public-Relations-Büros abtun, aber für jeden, der die erstaunlichen Ergebnisse erlebt hat, die sich erreichen lassen, wenn man sich mit Tieren in einer Sprache verständigt, die sie verstehen, und eine wirkliche Beziehung zu ihnen aufbaut, hat sie einen unmißverständlichen Beiklang von Wahrheit. Die Geschichte enthält Elemente, wie sie sich nicht einmal Hollywood ausdenken könnte: Die Behauptung, daß ein Regisseur und ein männlicher Delphin eine besondere Beziehung zueinander unterhalten könnten, ist selbst in dieser lässigen Zeit ziemlich unerhört!

Mich erinnerte die Geschichte an etwas, das ich 1970 auf der Royal Welsh Show erlebte. Die Vereinigung der Welsh-Cob-Züchter sollte eine Schaunummer für den Hauptring stellen, und ich sollte am Ende der Nummer die Vielseitigkeit des Welsh Cob demonstrieren. Ich hatte ein giftiges kleines Mistvieh namens Trefais Comet. Andererseits war er ohne jeden Zweifel einer der vielseitigsten Vertreter seiner Rasse, und zwischen uns hatte sich eine besonders enge Verbindung entwickelt. Für die Vorführung hatte ich eine Anzahl von Übungen vorbereitet, u. a. den vollen Travers, bei dem das Pferd sich im rechten Winkel seitwärts bewegt. Als ich dem Cob das beibringen wollte, nahm ich ihn zu einem 1,20 Meter hohen Zaun und ließ ihn seitwärts daran entlang gehen, einmal hin, einmal zurück und noch einmal hin. Ich war sehr zufrieden mit mir, also wollte ich es noch einmal versuchen. Ich ritt noch einmal seitwärts die ganze Seite hinunter, dann machte er einen halben Schritt zurück, sprang mit einem Satz über den Zaun, und das war's. Ich kam zu dem Schluß, daß ich es auf der Show besser nicht probierte. Aber am ersten Tag mußten wir eine Weile warten, bevor wir drankamen, und ich dachte über die Angelegenheit nach. Ohne daß ich irgend etwas gemacht hätte, ging Comet plötzlich erst nach einer Seite und dann nach der anderen, und da nahm ich die Übung in meine Vorführung auf. Am zweiten Tag wurde ich vorher gefragt, was ich zu zeigen gedächte, und ich zählte alles auf. Comet ging in den Ring und machte genau das, was ich angegeben hatte, plus einer Zugabe, die ich für unmöglich gehalten hatte: er sprang in die Luft, drehte sich in der Luft um und landete mit dem Kopf in der anderen Richtung. Nach dieser Vorstellung war er so entzückt vom Applaus der Zuschauer, daß er sich selbst neue Übungen einfallen ließ, um damit zu glänzen. Er war sehr schnell und leicht erregbar, und ich wußte, daß eine der Übungen, die ich nicht ausführen konnte, in einer Vollbremsung bestand. Dennoch beendete er seine Vorstellung damit, daß er mir vollständig die Hand nahm, genau auf die Präsidentenloge zugaloppierte, im letzten Augenblick abbremste und sich auf die Hinterbeine erhob. Das hatte ich schon immer gerne zeigen wollen, und er wußte das. Also zeigte er es von selbst. Das ist eines der Phänomene, die möglich werden, sobald man in der Lage ist, sich mit seinem Pferd wirklich zu verständigen.

Als wir mit unserer Arbeit begannen, etwa um das Jahr 1955 oder 56, hatten wir hauptsächlich mit Weeping Roger und mit

Cork Beg zu tun. Das bedeutete, daß unsere Studien zum größten Teil auf die Zeichen und Laute beschränkt blieben, die diese Pferde benutzten. Wir wußten, daß die Pferdesprache aus mehr als Zeichen und Lauten bestand, aber wir fanden, es sei am besten, wenn wir erst einmal versuchten zu verstehen, was ein Pferd sagte, und warum und wie es auf die Zeichen und Laute des anderen Pferdes reagierte. Das Wissen darum sollte die Basis für unsere zukünftige Arbeit bilden. Es wurde uns jedoch bald klar, daß die Pferde dieselben Zeichen und Laute in der verschiedensten Bedeutung benutzten, und wir kamen zu dem Schluß, daß es außer Zeichen und Lauten noch etwas geben mußte, was eine Bedeutung von der anderen unterschied. Diesen unbekannten Faktor nannten wir «Haltung» oder «Gefühl». Erst später verwendeten wir die Begriffe «Telepathie» und «außersinnliche Wahrnehmung», genaugenommen erst nach zehn Jahren.

Die wissenschaftliche Erforschung der Kommunikation zwischen Tieren ist verhältnismäßig neu, aber das Wissen und das Verständnis darum ist so alt wie die Menschheit, und heute wissen primitive Stämme mehr über Tierkommunikation als der moderne Mensch. Von seinen Reisen zu den Buschmännern berichtete Laurens Van Der Post, daß die Medizinmänner sich in Trance versetzen konnten, indem sie auf die Höhlenzeichnung einer Antilope starrten. Sie konnten dann angeben, wo die Antilope zu finden war. Mit anderen Worten: der Medizinmann konnte mit jeder Antilope im Umkreis von fünfzehn oder zwanzig Kilometern geistig in Verbindung treten, so daß die Jäger des Stammes auf die Jagd gehen und sie für ihren Fleischbedarf töten konnten. Van Der Post nennt es Einfühlungsvermögen, aber aus unserer Arbeit wissen wir, daß es sich um die Fähigkeit handelt, die wir Telepathie nennen: Die Fähigkeit, die Tiere benutzen, um geistige Bilder aufeinander zu übertragen.

Ein großer Teil der modernen Forschungsarbeit auf dem Gebiet der Tierkommunikation wurde, wie gesagt, durch die Tatsache kompliziert, daß sie sich auf ein einziges Mittel der Kommunikation beschränkte, meistens auf die stimmlichen

Äußerungen; und das ist nutzlos wie der Versuch, Englisch zu verstehen, indem man nur die Verben lernt. Wenn wir verstehen wollen, was Pferde zu sagen versuchen, und wenn sie uns leicht verstehen sollen, müssen wir die ganze Sprache benutzen und verstehen und nicht nur einen Teil. Wir müssen also lernen, so zu denken und zu reagieren wie ein Pferd denkt und reagiert, und wir müssen uns vor jeder sentimentalen Vermenschlichung hüten. Auf keinen Fall dürfen wir dem Tier menschliche Eigenschaften zuschreiben. Im Gegenteil: der Mensch muß den Spieß umdrehen und halb zum Pferd werden, wenn er mit Pferden umgeht. Der Löwendompteur Alex Kerr wurde einmal gefragt, ob er seiner Tochter erlauben würde, Großkatzen zu dressieren und zu zähmen, und er verneinte. Als Grund sagte er: «Das ist einfach. Wenn sie Erfolg haben will, muß sie denken wie ein Löwe oder ein Tiger, aber wenn sie das tut, betrachtet der Löwe oder der Tiger sie auch als seinesgleichen. Das bedeutet, daß die Raubkatze merken würde, wenn sie ihre Tage hat, wie das bei Frauen so ist. Und da ein Löwe seine Zuneigung dadurch zeigt, daß er das Weibchen am Nacken packt, würde er genau das tun. Er würde ihr das Genick brechen.» Das ist die Quintessenz unserer Arbeit über Kommunikation.

Der erste, der in neuerer Zeit behauptete, die Tiersprache zu verstehen, war der Engländer Archie Delany, der lange als Indianerhalbblut auftrat und sich Graue Eule nannte. Er setzte sich als erster für die Erhaltung der Natur ein und war Mitbegründer des ersten Wildreservats. In mancher Hinsicht war er zwar ein Betrüger, aber er war auch ein wirklich großer Mann mit sehr viel Verständnis für wilde Tiere, besonders für Biber, über deren Gewohnheiten und Verhaltensweisen er einige hervorragende Arbeiten lieferte. Die Biber akzeptierten ihn so vollständig, daß sie sich sogar innerhalb seiner Hütte am Seeufer ihre Wohnung bauten. Er behauptete, ein Wörterbuch der Bibersprache zusammengestellt zu haben, aber leider konnte ich kein Exemplar davon auftreiben. Was ich davon gehört habe, deutet allerdings auch darauf hin, daß andere Leute nicht viel damit anfangen konnten.

Unter seinen vielen Besuchern war auch Mr. John Diefen-
baker, der spätere kanadische Premierminister. Es war im Herbst
1935 oder im Frühjahr 1936. Als er mit großer Begleitung am
See ankam, sagte Delany, er müsse erst zu seinen Bibern gehen
und sie fragen, ob sie ihn empfangen wollten. Dann kam er
zurück und sagte, die Biber seien einverstanden. Das war offensichtlich pure Effekthascherei, aber es besteht kein Zweifel, daß
Delany trotz seiner Maskerade ein glänzender Durchbruch auf
dem Gebiet der Erforschung der Tierkommunikation gelang.
Es dauerte noch zwanzig Jahre, bevor wieder jemand auch nur
versuchte, sich mit Tieren zu verständigen, und von seiner
Arbeit wurde sehr wenig Gebrauch gemacht, wie ich vermute
hauptsächlich wegen der eingefleischten Vorurteile der Akade-
miker gegen jegliche Arbeit, die außerhalb einer Hochschule
durchgeführt wird. Meinem Gefühl nach müssen wir uns jedoch
an Leute wie Alex Kerr oder Graue Eule halten, wenn wir
unser gegenwärtiges Wissen über Tierkommunikation und
-verhalten erweitern wollen.

Eine wirkliche Schwierigkeit gibt es, wenn man an diese Art
Forschung auf dem experimentellen Weg herangeht. Um ein
Pferd zu verstehen, muß man nämlich selbst ein Pferd werden,
muß denken und handeln wie ein Pferd, und die Forschungsarbeit wird dann äußerst erschwert durch die Tatsache, daß es
sehr schwierig ist, gleichzeitig analytisch zu sein und wie ein
Tier zu denken und zu reagieren: Tiere sind einfach nicht analytisch! Orthodoxe Forschung war und ist jedoch auch nicht
das Ziel unserer Arbeit. Uns liegt nur daran, unsere Pferde
besser verstehen zu lernen, und wir hoffen, daß andere Leute
später ernten, wo wir heute säen. An ihnen ist es, unsere
Arbeit zu analysieren und auf den Grundlagen, die wir heute
erarbeiten, orthodoxe Forschung zu betreiben.

Oben: Verwandte Seelen – Pferdepaare, die sich so gut verstehen, waren für
Experimente zur außersinnlichen Wahrnehmung geeignet. ▷
Unten: Nüsternblasen – freundschaftliche Begrüßung zwischen dem Autor und
einem seiner Pferde. ▷

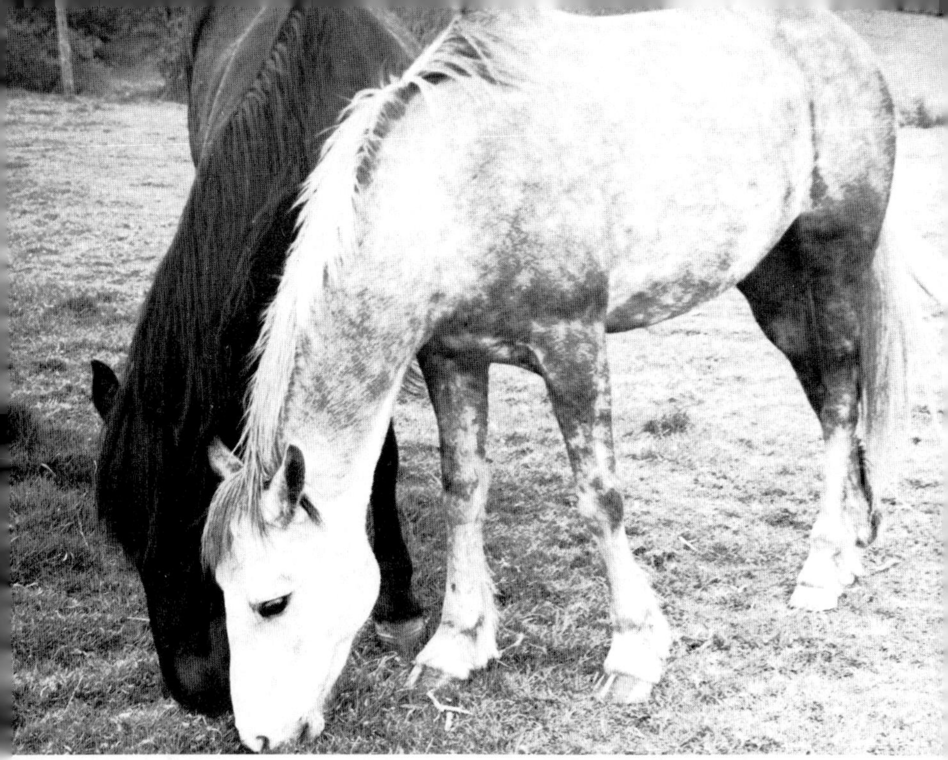

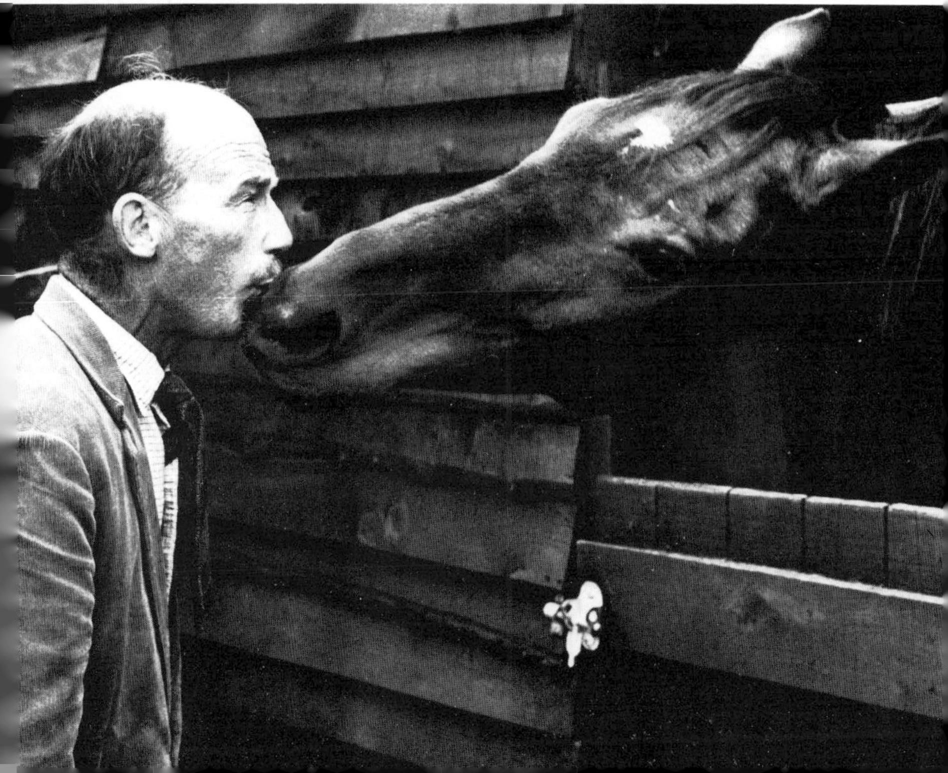

Linke Seite:
a. «Wirst du wohl zurückgehen!» Die Leitstute kneift den Schimmel, der sie überholen will.
b. «Mach, daß du wegkommst, sonst mach' ich Hackfleisch aus dir!»
c. «Das Futter ist nicht für dich – verschwinde!»

Rechte Seite:
a. Mit dem Futtereimer lockt Henry Blake den Wildling …
b. … der herbeikommt, weil er die anderen Pferde zutraulich aus dem Eimer fressen gesehen hat.
c. So fängt man ein halbwildes Pferd ohne Aufregung: Es folgt willig dem Futtereimer.

a

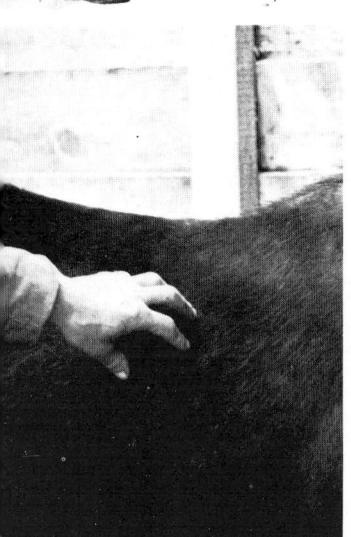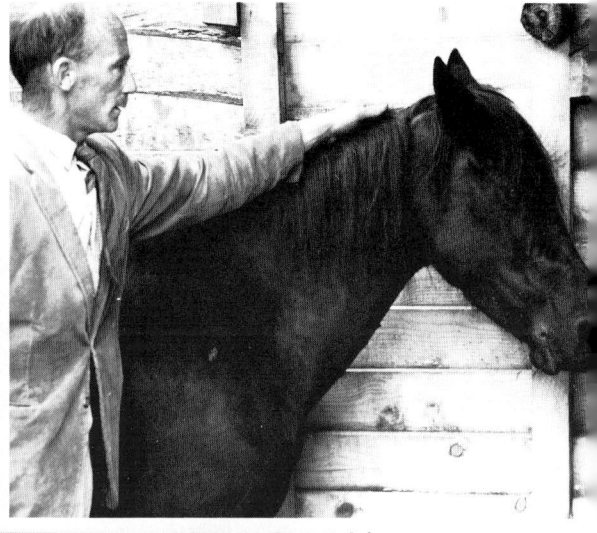

b/c

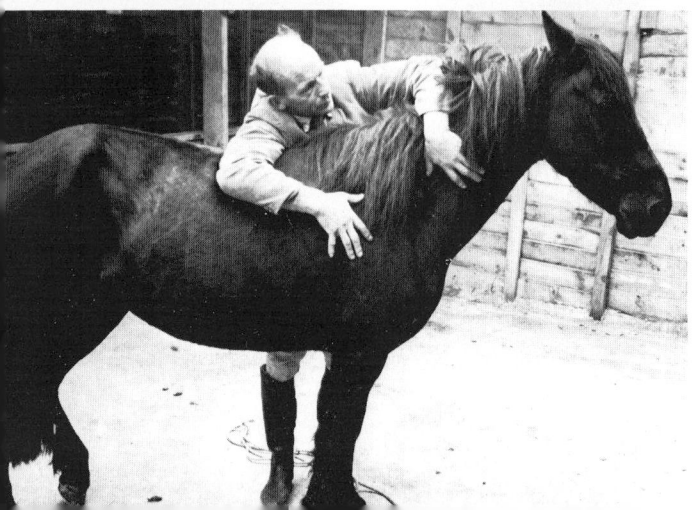

d

3 Die Pferdesprache

Wie wir gesehen haben, erfordert schon der normale Umgang mit Pferden ein erhebliches Maß an Kommunikation zwischen Mensch und Tier. Die erste Verständigung während der grundlegenden Erziehungsphase erfolgt mit Hilfe der Stimme. Der Mensch bringt dem Tier bestimmte Befehle bei: «Ho», «Trab», «Schritt», usw. Das Pferd lernt diese Worte kennen, und sein Reiter hofft, daß es ihnen auch gehorcht. Auf der anderen Seite lernt auch der Mensch einige der Laute, die das Pferd benutzt, schnell unterscheiden: das helle Wiehern zur Begrüßung, das fragende «Ist hier jemand?» und das wütende Quieken.

Der Mensch bringt dem Pferd auch eine Reihe von Zeichen bei: er berührt es mit den Absätzen, und das bedeutet, daß es vorwärtsgehen soll. Er zieht am Zügel und übt damit einen Druck auf das Pferdemaul aus, und das bedeutet, daß es anhalten soll. Er klopft oder streichelt es, wenn es gut geht, und er gibt ihm einen Klaps, wenn es schlecht geht. Diese Wechselwirkungen liegen der Verständigung mit jedem Tier zugrunde. Wenn ein Tierarzt versucht, eine Krankheit zu diagnostizieren, achtet er auf wieder andere Zeichen – wenn das Pferd an einer Stelle Schmerzen hat, zuckt es zusammen, wenn man es dort berührt. Auch ein scharfes Luftholen kann ein Zeichen sein, daß man dem Pferd einen Schmerz zugefügt hat; Teilnahmslosigkeit und Lustlosigkeit verraten, daß ein Pferd krank und nicht in Ordnung ist. All dies sind Zeichen, durch die das Pferd sich dem Menschen mitteilt. Es gibt auch durch die Art sich zu bewegen zu erkennen, wenn es erregt oder müde ist.

◁ a. Mit ruhigem Zureden und von der Seite her – so nähert sich der Autor einem verschreckten Pferd.
b. Mit sanft kreisenden Fingern die beruhigende Geste der Mutterstute nachahmen...
c. Hand und Arm wirken wie der Kopf eines Kameraden...
d. Körperkontakt in engem Anlehnen – in der Pferdesprache Sicherheit und Vertrauen bietend – festigt die neue Bindung.

Als wir mit unseren Forschungen auf dem Gebiet der Tierkommunikation begannen, nahmen wir uns vor, ein kurzes Wörterbuch der von Pferden ausgehenden Botschaften zusammenzustellen. Zu diesem Zweck gingen wir anfangs denselben Weg, den vor uns auch die meisten anderen gegangen waren. Da wir selbst uns durch Laute verständigen, erschien es logisch, auch mit dem Studium der Laute zu beginnen, welche Pferde zur Verständigung benutzen. Wir versuchten also, diese Laute zu einer Art Lautmuster zusammenzusetzen. In dieser frühen Phase hatten wir sogar einen gewissen Erfolg. Wir stellten fest, daß das Begrüßungswiehern und das Alarmgewieher so gut wie allen Pferden gemeinsam war. Je weiter wir jedoch kamen, desto klarer wurde uns, daß wir uns nicht an starre Lautmuster halten konnten, wenn wir die von den Pferden als Spezies hervorgebrachten Laute deuten wollten. Es stellte sich heraus, daß verschiedene Pferde die gleiche Lautfolge in verschiedener Bedeutung benutzten. Jedes Pferd hatte seine eigene Sprache, die der seiner Artgenossen ähnelte, jedoch nicht unbedingt mit ihr übereinstimmte. Wir mußten also wieder von vorn beginnen.

Diesmal beobachteten wir zuerst, wie sich menschliche Wesen verständigen, und wir entdeckten, daß der Ton einer Stimme, die Art, wie etwas gesagt wird, genauso wichtig ist für das Verständnis eines Satzes wie die eigentlichen Worte. Z. B. sprechen ein Engländer, ein Ire, ein Schotte und ein Waliser außer ihrem Dialekt alle auch Englisch. Sie können einander verstehen, aber ihre Art, eine bestimmte Bedeutung auszudrücken, ist verschieden. Sie benutzen andere Worte, andere und anders geformte Sätze. Auch Leute mit demselben kulturellen Hintergrund benützen also – selbst wenn sie die gleiche Sprache sprechen – andere Worte und Sätze, um dieselbe Bedeutung auszudrücken. Selbst innerhalb derselben Kultur bedienen sich Menschen verschiedener Natur und verschiedenen Temperaments abweichender Wortformen, um denselben Sinn auszudrücken. Dagegen gibt es aber auch Laute, die allen Angehörigen einer bestimmten Rasse eigen sind und zu bestimmten

Anlässen benutzt werden. Das Wort «hello» z. B. ist allen Englisch sprechenden Menschen eigen. In gleicher Weise ist auch das Begrüßungswiehern allen Pferden gemeinsam. Und genauso, wie alle deutschsprachigen Menschen «Hilfe» rufen, haben die meisten Pferde einen Alarmschrei – ein Alarmgewieher.

Wir studierten auch die Bedeutung des Tons einer Stimme für die Bedeutung dessen, was gesagt wurde. Wir stellten fest, daß der Ton, mit dem Menschen etwas sagen, sowohl den Sinn als auch die Stärke der Aussage verändern kann. Wenn ein Mann oder eine Frau «komm her» sagt, können sie den Worten je nach dem Ton der Stimme eine völlig verschiedene Bedeutung geben. Wenn eine Frau diese Worte leise und verführerisch flüstert, können sie eine Einladung zum Liebesspiel bedeuten. Ist die Stimme kurz und scharf, ist es ein sofort zu befolgender Befehl, und werden sie geschrien, kann es ein Hilferuf sein. Das Pferd kann die zu übermittelnde Botschaft in gleicher Weise verändern, je nachdem wie laut oder schrill es seine Stimme hören läßt. Dieselben Laute können also ebenso gut «komm her, mein Schatz» wie als äußerster Befehlston «wenn du nicht sofort herkommst, mache ich Hackfleisch aus dir» bedeuten. Und dieselbe Botschaft kann auch genauso gut als Hilferuf benutzt werden.

Außerdem stellten wir fest, daß wir auch berücksichtigen mußten, daß die Art der Kommunikation geschlechtsabhängig war. Während es bei den Menschen aber nur zwei Geschlechter, männlich oder weiblich, gibt, gibt es bei den domestizierten Pferden deren drei – den Hengst, die Stute und den Wallach. Das ist wichtig, weil sich Stimmlage und Ton je nach Geschlecht unterscheiden: Das Wiehern eines Hengstes unterscheidet sich völlig von dem einer Stute, und das des Wallachs liegt irgendwo dazwischen. Wenn man nur mit einem einzigen Pferd zu tun hat, ist das nicht so wichtig, aber wenn es sich um viele Pferde handelt oder wenn man zu verstehen versucht, was ein fremdes Pferd ausdrücken will, darf man diese Tatsache nicht außer acht lassen, weil die gleiche Lautfolge etwas ganz anderes bedeuten kann, je nachdem ob sie von einem Hengst, einer Stute oder einem Wallach kommt. Deshalb muß man erst das Geschlecht eines Tieres kennen, bevor man auch nur versucht, eine Lautmitteilung zu interpretieren. Wir entdeckten auch, daß man selbst das Alter des Pferdes in Rechnung stellen muß, denn logischerweise unterscheiden sich die Laute und die Stimmlage eines Fohlens gründlich von der Stimme, die es als vier- oder fünfjähriger Hengst hat.

Andererseits verfügen Hengst, Stute, Wallach, Fohlen und Jährling über dieselbe Anzahl von Lauten und Tönen, und es gibt elf verschiedene Arten, sie zu äußern. Neun der elf verschiedenen Ausdrucksformen entstehen durch Ausatmen. Da ist zuerst das Schnauben, das allein mit Hilfe der Nüstern als Resonanzboden gebildet wird. Der Imperativ wird gegebenenfalls durch gleichzeitiges Kräuseln der Nüstern angezeigt. Wird das Schnauben bei gekräuselten Nüstern lauter, bedeutet es ein Alarmsignal, ein Zeichen der Erregung oder sonstiger starker Emotionen. Zur Begrüßung oder als Ausdruck der Zuneigung überhaupt ertönt meist ein leises Bullern, das sich bis zu einem hellen Wiehern mit zärtlichem Unterton steigern kann. Dann gibt es das schrille, fragende Wiehern und das schmetternde Wiehern, das noch eine Nuance stärker ist. Beide kommen mit Hilfe des Kehlkopfes zustande. Dazu kommen noch das Quietschen der Stute und der Schrei des Hengstes, die beide einen deutlichen sexuellen Beiklang haben, aber auch aggressiv oder warnend klingen können. Sie werden in den oberen Luftwegen gebildet und sind beim Liebesspiel, im Zorn oder als Ausdruck des Ärgers zu hören. Der Hengst verfügt über ein Pfeifen, mit dem er die Stute ruft, und alle Pferde haben einen Schrei, der äußersten Schrecken, Schmerz oder Wut ausdrückt und mit einem Schwall von Luft aus der Lunge kommt. Das alles sind Töne, die beim Ausatmen entstehen. Das Schnuppern oder Schnobern, das dem sachten Bullern entspricht, und ein scharfes Einziehen der Luft, das dem Schnauben entspricht, werden beim Einatmen gebildet. Jeder dieser Töne hat für ein anderes Pferd eine bestimmte Bedeutung.

Den größten Stimmbereich besitzt der Hengst; seine Stimme

kann furchterregend klingen, aber auch von großem Wohllaut sein. Doch der Inhalt seiner Botschaft ist etwas begrenzt, und das einfach deshalb, weil er sich im Naturzustand nur um drei Dinge kümmert: um Sexualität, Gefahr und Fressen. Von diesen drei Themen handeln denn auch seine Botschaften.

Eine Stute dagegen verfügt über sexuelle Töne, Lautäußerungen im Zusammenhang mit Futter und Gefahr und darüber hinaus noch über Laute, die auf die Fürsorge für ihr Fohlen, vielleicht auch noch den Jährling, und dessen Schutz ausgerichtet sind. Sie muß ihre Jungen zu sich rufen können, wenn Gefahr droht, oder damit sie bei ihr trinken, und sie muß ihnen Disziplin beibringen, und deshalb variieren ihre Botschaften viel stärker als die des Hengstes. Der Stimmbereich eines Wallachs – den es in der freien Natur natürlich nicht gibt – reicht von dem eines Hengstes, wenn er erst kürzlich kastriert wurde, bis zu dem einer Stute, wenn er übertriebene Beschützergefühle gegenüber dem Menschen, der ihn versorgt, entwickelt. Auch ein Fohlen hat seine eigenen Botschaften und seinen eigenen Stimmbereich, der mit Angst und Hunger zusammenhängt. Es hat keine sexuellen Botschaften, aber eine Reihe von Tönen, mit denen es um Trost und Schutz bittet, und diese ändern sich mit der Zeit. Ein paar seiner Fohlenaussagen behält es auch als Jährling oder sogar als Zweijähriger bei. Wenn es sich dann in seinem dritten Sommer als Mann zu fühlen beginnt, und erst recht beim ausgewachsenen Dreijährigen, werden Stimmlage und Botschaften hengstisch, falls er nicht vorher kastriert wurde. Ein Stutfohlen dagegen entwickelt mit der Zeit die Sprache einer Stute.

Auch der Kontakt mit Menschen hat eine Erweiterung des Stimmbereichs zur Folge. Daraus können Komplikationen erwachsen, weil es fast unmöglich ist, zwischen den naturgemäßen Lautäußerungen eines Pferdes und denen, die aus dem Kontakt zum Menschen resultieren, zu unterscheiden. Ein Pferd, das Kontakt zu Menschen hat, wird zur Futterzeit, wenn es verspätet gefüttert wird, wiehern oder gegen seinen Trog klopfen, um sich in Erinnerung zu bringen. Dieses Verhalten ist einem freilebenden Pferd völlig fremd, weil sein Futter immer vorhanden ist und es keinen Menschen darauf aufmerksam machen muß, daß es Hunger hat. Wir haben beobachtet, daß ein Pferd die Botschaften, deren Inhalt von einem anderen Pferd oder einem Menschen augenscheinlich verstanden wurde, immer wieder benutzt – es erweitert also sein Vokabular. Das Pferd mit dem umfangreichsten Wortschatz war unser Cork Beg, den wir zwanzig Jahre hatten, und wir konnten feststellen, daß andere Pferde, die wenig oder gar keinen Kontakt zu Menschen hatten, Wendungen von ihm lernten und so ihren eigenen Wortschatz erweiterten.

Wieviel ein Pferd von einem anderen lernen kann, sahen wir am Beispiel eines anderen Pferdes, das meiner Frau gehörte und Rostellan hieß. Als Cork Beg langsam etwas arthritisch und steif wurde und keine Freude mehr an langen Jagden hatte, brauchten wir unbedingt einen Ersatz für ihn. Zum Glück hatten wir einen eingetragenen Welsh Cob namens Trefais Dafydd, der genau das Richtige dafür zu sein schien. Weil Trefais Dafydd uns zu umständlich war, nannten wir ihn nach einem Besitz in der Nähe der irischen Heimat meiner Frau Rostellan. Er kam zu uns mit einer Lastwagenladung von acht anderen Pferden, von denen keines vorher engeren Umgang mit Menschen gehabt hatte. Er war ein großer, schwarzer Dreijähriger, und bis zum Herbst, als wir uns entschlossen, ihn zu behalten, hatte er beträchtlich zugelegt und sich seinen besonderen Platz in der Gemeinschaft erobert. Während des Winters schaffte es meine Frau nur dadurch, zwei Pferde zu arbeiten, daß sie Cork Beg ritt und Rostellan mit der Labradorhündin Dora hinterherlaufen ließ. Er lernte bald, Cork Beg auf dem Fuße zu folgen, und versuchte nie, ihn zu überholen. Tat er es doch einmal, drohte Cork Beg mit zurückgeworfenem Kopf, ihn zum Frühstück zu verspeisen. Nachdem die Hierarchie in dieser Zweipferdeherde erst einmal klar war, machte es Cork Beg Spaß, einen Lehrling zu haben und ihm die Tricks im Geschäft beizubringen. Wieviel der Schüler von seinem Lehrer annahm, entdeckte ich eines Tages, als ich nach dem Mittagessen hinausging. Cork Beg hatte die Angewohnheit, den Kopf über die Boxentür ins Freie zu strecken und seine Unterlippe im Wind flattern zu lassen. Es war ein schöner, sonniger Tag, und als ich um die Ecke bog, standen sie alle zwei da, Rostellan ein getreuliches Abbild seines Lehrmeisters mit hängender Unterlippe, nur daß er als persönliche Note auch noch die Zunge ein Stück herausstreckte.

Einige Dinge waren ihm aber doch schwieriger beizubringen. Eine andere Gewohnheit von Cork Beg war, daß er gern mit gekreuzten Hinterbeinen dastand, d. h. ein Hinterfuß ruhte genau vor dem anderen. Rostellans einziger Versuch in dieser Richtung endete damit, daß er sich in wenig würdevoller Haltung auf seinen vier Buchstaben sitzend wiederfand, und diesen Trick probierte er niemals wieder. Hauptsächlich konzentrierte sich Cork Beg aber auf die Dinge, die Rostellan wissen mußte: er lehrte ihn z. B. genau, was er zu tun hatte, wenn meine Frau traurig war. Wie alle Menschen überfiel sie ab und zu das heulende Elend, und dann ritt sie jeweils mit Cork Beg ins Gelände. Für diesen Fall hatte Cork Beg eine ganze Trickkiste auf Lager, um sie zum Lachen zu bringen. Als erstes versuchte er es damit, daß er am Tor wie ein Krokodil nach Dora schnappte, die ihn bellend umsprang, und so tat, als wolle er ihr die Nase abbeißen. Dann machte er sich gesetzten Schrittes auf den Weg die Straße hinunter, bis er etwas Passendes gefunden hatte, vor dem er scheuen konnte. Er machte dann einen Satz quer über die ganze Straße, als ob es das Entsetzlichste wäre, was er je gesehen hatte. Es konnte ein Zaunpfosten sein, ein Blatt, das über die Straße wehte, oder ein Rotkehlchen, das aus einer Hecke aufflog – auf jeden Fall machte er einen Satz von einer Straßenseite zur anderen und kauerte dann zitternd vor Angst im Graben. Verfehlte das seine aufheiternde Wirkung auf meine Frau, so ergriff er strengere Maßnahmen. Er wartete, bis er einen Grasstreifen vor sich hatte, dann machte er ein paar Riesensätze und nahm die Verfolgung der vorausrennenden Dora auf. Wenn er sicher war, daß meine Frau nach fünf oder sechs Galoppsprüngen noch fest im Sattel saß, legte er eine Reihe von Bocksprüngen ein.

Ich habe sogar schon gesehen, daß er sich seitwärts duckte und sie regelrecht auffing, sobald sie wieder herunterkam, wenn er sie doch einmal aus dem Sattel gebracht hatte. Dieser Trick war so gut wie unfehlbar, denn er hörte erst wieder auf zu bocken, wenn er sie endlich zum Lachen gebracht hatte.

Wir leben am Rand eines 800 Hektar großen Forstgebietes, was für unsere Arbeit mit den Pferden von unschätzbarem Vorteil ist, weil wir beliebig viele grasbewachsene Wege und Schneisen zur Verfügung haben. Ein anderer Lieblingstrick unseres alten Herrn bestand darin, daß er wie im Halbschlaf vor sich hinging, bis er die Abzweigung zu einem solchen Reitweg erreicht hatte; dann war er plötzlich mit einem Satz um die Ecke und fegte im vollen Galopp dahin, gefolgt von Dora. Auch dieser Trick verfehlte selten seine aufmunternde Wirkung auf meine Frau. Erstaunlich war nur, daß er auch dann noch seine Trickkiste hervorholte, als er schon ganz arthritisch und steif war, ja sogar als er das Bein gebrochen hatte. Und hinterher tänzelte er herum wie ein ungestümer, halbroher Dreijähriger.

Dann mußte er Rostellan natürlich noch beibringen, daß er jedesmal, wenn ich mit einer besonderen Absicht im Stall aufkreuzte, die große Schau vom wilden, bösartigen Pferd abzuziehen hatte, das in Furcht und Schrecken vor dem Boss lebt. Ich konnte fünfzig Mal in den Stall gehen und irgendwelche Arbeiten verrichten, und jedesmal stand mir der alte Herr im Weg herum und bewegte sich nur widerwillig zur Seite. Wenn ich aber eine Bürste in die Hand nahm, um ihn zu putzen, um nach einem ganzen Tag auf der Jagd wenigstens den schlimmsten Schmutz herunterzubringen, benahm er sich wie ein Verrückter.

Dann mußte Rostellan noch lernen, daß auf Turnier jeder seinen Spaß haben durfte, wenn Frauchen im Sattel saß. Ob es einen Preis gab oder nicht, war weniger wichtig als daß jeder sein Vergnügen hatte. Wenn aber der Boss oben saß, hatte man zu gehen, sich anzustrengen und das Letzte aus sich herauszuholen. Ich ging ein- bis zweimal im Jahr mit dem alten Herrn auf Turnier, und wir kamen nie ohne Schleife nach Hause. Er war dreimal in Point-to-Point-Rennen placiert, gewann verschiedene Jagdpferdeprüfungen und ließ sich sogar als Polopferd verwenden. Er war ein absolut überragendes Pferd.

Rostellan war zwar nicht so intelligent wie Cork Beg und sah auch anders aus (er war eben ein Welsh Cob und Cork Beg ein Dreiviertelvollblüter), aber er war ein williger Schüler und lernte im Verlauf von drei Jahren das meiste, was Cork Beg ihm beibringen konnte. In diesem Fall übernahm ein Pferd tatsächlich im Verlauf einiger Zeit zumindest teilweise die Persönlichkeit eines anderen.

Die Geschichte, wie sich Rostellans Charakter unter dem Einfluß meiner Frau und Cork Begs änderte, ist nur ein Beispiel dafür, wie durchschlagend sich ein Wechsel der Umgebung auf Charakter und Verhalten eines Pferdes auswirken kann. Und natürlich hat eine andere Umgebung auch erhebliche Auswirkungen auf die Kommunikationsmittel eines Pferdes, denn wenn sich seine Bedürfnisse und Gewohnheiten ändern, bedeutet das auch, daß das Pferd einen neuen und erweiterten Wortschatz braucht, um diesen neuen Anforderungen gerecht zu werden. Vielleicht kann ich am besten erklären, was ich meine, wenn ich es auf die menschliche Sphäre übertrage. Ich lebe auf dem Berg Llanybyther in North Carmarthenshire, meine Nachbarn sind Farmer, wie ich es früher auch war, und unsere Gespräche drehen sich um Pferde, Jagden, das Wetter, Schafe und Kühe (in dieser Reihenfolge) – und natürlich um den neuesten Lokalklatsch. Der Wortschatz, den wir benützen, entstammt diesem Themenkreis. Wenn ich jetzt umziehen würde nach London oder den Midlands, um eine Stelle in einem Büro oder einer Fabrik anzunehmen, würden sich meine Gespräche statt dessen um Fußball, Cricket, Autos, das Theater und Musik drehen, und ich würde Wörter benützen, die ich hier nie benutze.

Genauso ist es mit Pferden: In ihrer natürlichen Umgebung leben sie innerhalb einer Gruppe mit einem festgelegten Verhaltensmuster und einem ausgeprägten Sozialgefüge, das von der Leitstute an abfällt bis zum rangniedrigsten Jährling – der

Hengst bewegt sich außerhalb der Herde, normalerweise zeitweilig losgelöst von ihr, obwohl unreife Hengste innerhalb der Gruppe leben können –, und ihre Kommunikation ist von den Bedürfnissen dieser Situation bedingt. Wird diese Herde aus ihren Bergen herausgefangen und auf eine umzäunte Weide gebracht, entsteht in ihrem Verhaltensmuster ein Bruch. Die Pferde können nicht mehr frei umherziehen, und das bedeutet, daß die Zeichen, die mit diesem Umherziehen zusammenhingen, nicht mehr benutzt werden. Sie leben auch viel dichter beieinander, und deshalb werden manche Zeichen und Laute mehr, andere weniger benutzt. Wenn sie eingeritten und an den Menschen gewöhnt sind, wird die Veränderung der von ihnen benutzten Zeichen und Laute noch augenfälliger, besonders wenn die Pferde dauernd im Stall gehalten werden. Manche Zeichen wie z. B. die für Alarm und Bewegung finden kaum noch Verwendung, und andere, die Ungeduld und Hunger ausdrücken, müssen von den Pferden erst entwickelt werden, entweder nach dem Vorbild anderer Pferde oder aus eigener Erfindungsgabe. Da dem Pferd nur elf verschiedene Töne zur Verfügung stehen und es keine neuen Töne schaffen kann, die neue Botschaften übermitteln könnten, bedeutet das, daß es seine vorhandenen stimmlichen Botschaften den neuen Bedürfnissen anpassen muß. Einen großen Teil der bestehenden Zeichen kann das Pferd den veränderten Verhältnissen anpassen, einige wird es aber auch neu erfinden müssen, und dazu wird es entweder ein von einem anderen Tier verwendetes Zeichen (es muß nicht unbedingt von einem Pferd sein) imitieren, oder es wird merken, daß ein absichtslos verwendetes Zeichen eine bestimmte Reaktion hervorruft, und von da an benutzt es dieses Zeichen, um eben diese Reaktion zu erzielen.

Eines der Experimente, mit denen wir nachweisen, wie ein Pferd seinen Wortschatz erweitert, läßt sich leicht nachvollziehen. Wir nahmen ein wildes Pony aus den Bergen und gesellten es Cork Beg zu. Wenn Futterzeit war, wieherte Cork Beg nach seinem Futter, und nach ganz kurzer Zeit ahmte auch der neue Gefährte dieses Wiehern nach. Auch wenn man sie dann trennte, bettelte das junge Pferd gewöhnlich weiterhin um Futter, aber nicht unbedingt in der gleichen Weise wie Cork Beg. Von etwa hundertzweiundzwanzig beobachteten Fällen lernten nur drei das Betteln nicht innerhalb von sieben Tagen, nachdem sie mit Pferden in Berührung gekommen waren, die schon um Futter bettelten. Wir stellten fest, daß es dafür vier grundsätzlich verschiedene Arten gibt, und es ist unwahrscheinlich, daß von einer kleinen Gruppe auch nur zwei Pferde auf genau die gleiche Art ihr Futter verlangen. Zweifel an dem, was das Pferd sagen will, kommen jedoch in keinem Fall auf.

Da wir es nahezu unmöglich fanden, zwischen den im Zusammenleben mit dem Menschen und anderen domestizierten Pferden erlernten Lauten und den für das Pferd natürlichen Botschaften zu unterscheiden, beschlossen wir, in unserem Wörterbuch der Pferdesprache, mit dem wir gerade begonnen hatten, die Bedeutung aller von den Pferden benutzten Zeichen und Laute festzuhalten, weil sie alle eine bestimmte Bedeutung enthalten und von anderen Pferden wie auch vom Menschen verstanden werden können. Der Unterschied zwischen der «natürlichen» und der in der Domestikation erlernten Sprache wird außerdem noch durch die Tatsache verschleiert, daß einige Laute in Freiheit verhältnismäßig selten gebraucht, nach dem Kontakt mit Menschen und domestizierten Pferden aber ganz üblich werden. Ein Beispiel dafür ist die Begrüßung. In Freiheit bleibt ein Pferd innerhalb einer halbwegs festgefügten Herde, und wenn ein Pferd zurückkommt, wird es von den anderen durch ein sachtes Blasen, ein Bullern oder ein Anstupsen begrüßt. Das sind alles Formen der Begrüßung. Eine Stute, die ihr Fohlen ruft, benutzt die gleiche Wendung, ebenso wie eine Stute, die ihr Fohlen aufmuntert, oder wie gelegentlich auch andere Herdenmitglieder, die einander begrüßen, doch allgemein üblich ist sie nicht. Haben die Pferde aber erst einmal Berührung mit Menschen gehabt, gehört sie bald zum Allgemeingut. Wenn ich an meinen Pferden vorbeigehe, spreche ich mit ihnen. Ich sage «hallo», und sie grüßen zurück. Manche blasen durch die Nüstern, manche schnobern an mir herum, manche bullern zur Begrüßung, und meine Stute Iantella küßt mich. Genauso reagieren sie auch, wenn ich sie füttere, und wenn ihre Freunde zum Stall zurückkommen, werden sie mit der gleichen Begrüßung empfangen.

Für den, der akademische Forschung betreibt, ist es äußerst wichtig zu wissen, ob ein bestimmtes Zeichen oder ein Laut von einem in Freiheit lebenden Tier benutzt wird oder ob ein Tier ihn erst durch die Berührung mit dem Menschen erworben hat. Für den Pferdemenschen und Praktiker, der nur sein Pferd verstehen will, ist der Unterschied zwischen natürlicher und erworbener Sprache unerheblich.

4 Die Verwendung der Laute in der Pferdesprache

Als wir die Laute untersuchten, die ein Pferd von sich gibt, und versuchten, ihren Sinn herauszufinden, stießen wir schon früh auf eine Schwierigkeit: Im Gegensatz zum Menschen benutzt das Pferd keine bestimmte Lautfolge, wenn es etwas Bestimmtes ausdrücken will. Bei der Zusammenstellung unseres Wörterbuches fanden wir sehr schnell heraus, daß es unmöglich ist, einem bestimmten Laut eine bestimmte Bedeutung zuzuordnen. Möglich ist nur die Feststellung, daß sich ein Pferd je nach der Aussage, die es machen will, einer Möglichkeit aus einer bestimmten Auswahl bedienen wird. Zum Beweis und zum besseren Verständnis verglichen wir unsere Beobachtungen noch einmal mit der menschlichen Sprache und stellten fest, daß ein Mensch Tausende von verschiedenen Lauten verwenden kann, um eine bestimmte Bedeutung auszudrücken, daß man jedoch nicht sicher sein kann, daß es etwas ganz Bestimmtes bedeutet, wenn ein Mensch einen besonderen Laut verwendet.

Im ersten Augenblick klingt das vielleicht komplett verrückt, aber bei näherem Hinsehen werden Sie feststellen, daß es stimmt. Die Menschheit besteht aus ungezählten verschiedenen Nationen, und jede Nation hat ihre eigene Sprache und ihre Dialekte. Für den allen vertrauten Satz «Ich liebe dich» hat jede Rasse, jede Nation und jeder Stamm eine andere Lautfolge im allgemeinen Gebrauch, um diesen einen Satz auszudrücken. Selbst in einer einzigen Sprache wie z. B. Englisch kann man «Ich liebe dich» auf verschiedene Arten sagen.

In unserem Wörterbuch der Pferdesprache haben wir deshalb erst jede Botschaft in unseren Worten ausgedrückt und dann jegliche uns bekannte individuelle Ausdrucksform, wie ein Pferd diese Nachricht mitteilen kann, dagegengesetzt. Wir haben z. B. den einfachen Satz «Ich liebe dich» genommen und ihn als allgemeinen Ausdruck aller Zeichen von Zuneigung verwendet. Daneben haben wir dann die verschiedenen Arten aufgeführt, in denen ein Pferd Zuneigung ausdrückt. Das fängt an mit zweimaligem betontem Ausatmen, es folgen zweimaliges betontes Einatmen und dreimaliges «Bullern» zur Begrüßung. Das sind die vokalen Ausdrucksformen des Pferdes für Zuneigung. Zusätzlich gibt es aber noch eine sehr große Anzahl von Zeichen, und davon haben wir sechsundzwanzig Variationen festgestellt. Das heißt, wir kamen zu dem Schluß, daß die meisten Pferde eine von sechsundzwanzig verschiedenen Arten benutzen, wenn sie Zuneigung zeigen wollen. Natürlich gibt es auch immer wieder einzelne, die aus der Reihe tanzen und Zuneigung auf sehr eigenartige Weise bekunden: Fearless z. B. drückte, als ich aus Übersee zurückkam, ihre Zuneigung dadurch aus, daß sie mit angelegten Ohren auf mich zuschoß, knapp vor mir bremste, mich von oben bis unten ableckte und mich dann packte und kräftig durchschüttelte. Wir hatten auch noch einen anderen Fall, einen Welsh Ponyhengst, der erst kürzlich kastriert worden und mit den Kühen auf der Weide gewesen war. Er zeigte seine Zuneigung für eine Stute dadurch, daß er an ihrem Urin roch, wenn sie stallte. Auch beim Liebesspiel gibt es ein paar Zeichen dafür, daß zwei Pferde sich zueinander hingezogen fühlen, aber wir haben sie nicht unter dem Satz «Ich liebe dich» aufgeführt, weil sie in Wirklichkeit eine ganz andere Bedeutung haben. Das Quietschen der Stute – dem Gekicher eines jungen Mädchens ähnlich – und das Pfeifen des Hengstes erfolgen aus sexuellem Antrieb, nicht aus Zuneigung, denn bei der Paarung von Pferden geht es normalerweise ausschließlich um sexuelle Attraktion.

Genaugenommen haben wir ein Wörterbuch des englischen Pferdes zusammengestellt. Wir haben darin alle siebenundvierzig Sätze aufgenommen, aus denen das Repertoire eines Pferdes besteht, und sie durch vierundfünfzig Unterbotschaften ergänzt. Dazu haben wir notiert, wie die meisten Pferde die jeweilige Botschaft ausdrücken.

Diese Methode ist der, die die meisten anderen auf diesem Gebiet tätigen Leute verwendet haben, genau entgegengesetzt. Sie haben versucht, jedem Zeichen oder jedem Laut eine Bedeutung zuzuordnen. Unserer Ansicht nach werden die Schwierigkeiten durch diese Art des Vorgehens nur noch größer. Ein Wörterbuch der bei Pferden allgemein üblichen Aussagen und Botschaften zusammenzustellen, ist dagegen eine verhältnismäßig einfache Aufgabe. Als erstes wählt man ein Pferd aus, das man gut kennt und mit dem man täglich zu tun hat, und dieses Pferd macht man zum ersten Studienobjekt. Man zeichnet die Aussagen, d. h. die Zeichen und Laute, auf, die es benutzt und die man versteht. Manche bestehen nur aus Zeichen, andere aus Lauten, die meisten jedoch aus einer Mischung von Zeichen und Lauten. Sie werden überrascht sein, wie viele Sie schon verstehen. Es wird ungefähr die Hälfte dessen sein, was das Pferd sagt, und dann müssen Sie versuchen, durch Beobachtung auch die anderen Aussagen und Sätze zu verstehen, die es von sich gibt. Da Ihnen die Hälfte dessen, was das Pferd sagt, schon bekannt ist, wird es verhältnismäßig einfach sein, die Bedeutung dieser anderen Zeichen und Laute festzustellen. Sie werden zwischen sechs Wochen und einem Jahr brauchen, um eine Liste von fünfundzwanzig bis fünfunddreißig Botschaften zusammenzustellen, die Ihr Pferd häufig benutzt.

Wenn Sie alles verstehen, was Ihr Pferd sagt, können Sie dazu übergehen, andere Pferde zu beobachten. Neben die elementaren Botschaften, die Sie für Ihr eigenes Pferd aufgezeichnet haben, können Sie dann die verschiedenen Arten stellen, in denen andere Pferde dasselbe sagen. Sie werden feststellen, daß manche Pferde Wendungen benutzen, die Ihr eigenes Pferd – Ihr erstes Studienobjekt – ebenfalls benutzte, und manche werden Botschaften übermitteln, die Ihr erstes Pferd nicht einmal versuchte. Auf diese Weise erweitert sich Ihre Liste allgemein gebräuchlicher Aussagen mit der Zeit.

Mit der Zeit – das kann bis zu zwanzig Jahre dauern! – haben Sie vielleicht alle siebenundvierzig Grundbotschaften zusammen, die ein Pferd in seinem Repertoire hat. Manche wie z. B. den Schrei der Angst oder der Wut hören Sie vielleicht nie selbst, andere, die ausschließlich auf bestimmte Gegebenheiten wie das Liebesspiel oder die Bemutterung eines Fohlens beschränkt sind, nur, falls Sie sich mit Zucht beschäftigen. Es ist deshalb möglich, daß Ihre Liste nicht ganz meine siebenundvierzig Grundbotschaften und vierundfünfzig Unterbotschaften erreicht, aber auf jeden Fall werden Sie eine Liste aller Botschaften besitzen, die die Ihnen bekannten Pferde benutzen, und diese Liste können Sie von Zeit zu Zeit ergänzen.

Sie werden feststellen, daß es für manche Botschaften nur geringe Variationsmöglichkeiten gibt, während Ihnen bei anderen bis zu dreißig Variationen auffallen. Die Liste ist nie vollständig. Es gibt immer irgendein Pferd, das etwas auf eine Art und Weise ausdrückt, wie Sie es vorher noch nie erlebt haben. Ein Beispiel für die Variationsbreite: Der Satz «Wo zum Kuckuck bleibt mein Frühstück» kann von einem Pferd durch Laute allein ausgedrückt werden, durch die elementare Aussage «Willkommen» und ihre sechs Steigerungsformen – zwei Nuancen, durch die Nase zu blasen, ein leises Bullern, ein lautes Bullern, ein leises Wiehern und ein lautes Wiehern. Das Pferd kann auch schnauben oder lauthals schreien. Dazu kommen noch etwa ein Dutzend Zeichen und Kombinationen von Zeichen und Lauten.

Die Tatsache, daß die Aussage «Willkommen» auch in der Bedeutung von «Wo zum Kuckuck bleibt mein Frühstück» verwendet werden kann, erhellt die Schwierigkeit, die Bedeutung einer bestimmten Lautfolge zu erkennen. Aus dem Begrüßungsbullern eines Pferdes, das ein anderes Pferd sieht, mag zur Futterzeit die Wendung «Wo zum Kuckuck bleibt mein Frühstück» werden. Ferner kann auch eine Stute nach ihrem Fohlen mit der gleichen Tonfolge rufen, die Hengst und Stute als Vorspiel zum Liebesakt benutzen. Derselbe Laut kann verschiedene Bedeutungen haben, je nach den Umständen.

Unser alter Cork Beg z. B. benutzt denselben Ruf, wenn er «Hallo» zu meiner Frau oder einem anderen Pferd sagt, «Fein, da kommt mein Frühstück» zu mir oder «Komm her, Schatz» zu seiner jeweiligen Freundin. Dieser Ruf kann jedoch auch die Befehlsform annehmen. Wenn ich beim Füttern zu lange brauche oder ein anderes Pferd zuerst füttere, werden die Töne, die er für sein Begrüßungsbullern gebraucht, schnell lauter, bis die Botschaft «Wo zum Kuckuck bleibt mein Frühstück» lautet. Wenn seine jeweilige Freundin nicht auf den ersten Ruf hin gelaufen kommt, wird der Ton lauter und wechselt von «Komm her, Schatz» zu «Komm her, du faules kleines Mistvieh». Wie stark der Befehlston wird, hängt teilweise von der Persönlichkeit der beiden beteiligten Pferde ab. Genauso wie es eine viel stärkere Drohung ist, wenn meine Frau sich mit einem Pferd beschäftigt und sagt «Hör auf», als wenn ich sage «Wenn du nicht aufhörst, mache ich Hackfleisch aus dir» – was die Pferde genau wissen –, genauso kann auch ein Pferd seinen Willen in einem viel lauteren Befehlston äußern als ein anderes. Gesteigerter oder verminderter Nachdruck werden wie beim Menschen durch Heben oder Senken der Stimme angezeigt. Der ursprüngliche Satz kann auch erweitert werden. Ein Mensch kann z. B. seinem Befehl mehr Nachdruck verleihen, indem er die Stimme erhebt, oder er kann statt «Komm her» auch «Komm sofort her» sagen. Das Pferd kann seinem Willen mehr Nachdruck verleihen, indem es zusätzlich ein Zeichen verwendet oder die Stimme erhebt.

Diese Art der Annäherung an die Verständigung mit Pferden – statt wie die meisten anderen Forscher unser Hauptaugenmerk auf die Laute zu richten, die ein Pferd von sich gibt, haben wir uns hauptsächlich auf die Bedeutung konzentriert, die durch Laute und Zeichen als Ganzes übermittelt wird – verhalf uns zu unserem fundamentalen Durchbruch und ist in meinen Augen unser Hauptbeitrag zum Verständnis der Tierkommunikation.

Umfang und Ton der Stimme hängt auch davon ab, wie weit ein Pferd von seinem Gesprächspartner entfernt ist. Wenn ich nach Hause reite, ruft mein Pferd in einer Entfernung von vier- bis sechshundert Meter so laut es kann: «Hallo, ist jemand zu Hause», und darauf antwortet eines der Pferde im Stall: «Ich bin hier». Je geringer die Entfernung wird, desto weniger braucht es sich anzustrengen, um gehört zu werden. Je näher sie einander kommen, desto leiser werden die Stimmen der beiden Pferde. An der Stalltüre führen sie noch immer die gleiche Unterhaltung, aber statt mit höchster Lautstärke zu schreien, blasen sie jetzt beide nur noch durch die Nüstern. Mein Pferd sagt solange seine Begrüßungsformel, bis es auf Schnupperdistanz an das andere Pferd herangekommen ist; dann hört es damit auf und verwendet statt dessen eine seiner Formeln für Zuneigung. Für einen Zuhörer besteht zwischen dem ersten Ruf und dem zweiten, nachdem der erste beantwortet wurde, absolut kein Unterschied. Eine menschliche Parallele wären etwa die Worte: «Hallo, keiner da?» Wenn Sie in das Haus eines Freundes kommen, rufen Sie vielleicht: «Hallo, keiner da?», um herauszufinden, ob jemand zu Hause ist. Er antwortet aus dem oberen Stock «Hallo, da unten», und wenn er herunterkommt, sagen Sie beide zur Begrüßung noch einmal ruhig «Hallo».

Man könnte diese ganzen Begrüßungsrufe mit dem Wort «Hallo» übersetzen. Wir haben das nicht getan, und zwar hauptsächlich deshalb, weil dieses Wort die große Variationsbreite der wirklichen Bedeutung verschleiert. Die Stute, die ihr Fohlen begrüßt, übermittelt eine ganz andere Botschaft als der

Hengst, der seine Herausforderung hinausschreit. Der ursprüngliche Ruf des Hengstes – «Ist hier jemand» – ändert sich klangmäßig sehr wenig, wenn er beantwortet wird, aber die Bedeutung wird zu «Komm her und kämpfe» wechseln, wenn die Antwort von einem anderen Hengst kommt. Der Ruf wird immer provokativer, bis sich die zwei treffen. Wenn die Antwort jedoch von einer Stute kommt, läßt der Hengst ebenfalls weiterhin seine Stimme erschallen, aber in diesem Fall wechselt «Ist hier jemand» zu «Komm und laß dich lieben», und das ruft er, bis er der Stute nähergekommen ist, worauf er vom Imperativ zur leiseren Begrüßung übergeht. Entweder beißt und schlägt sie dann nach ihm, was bedeutet, daß er sich woanders umsehen soll, oder sie gibt ein «mädchenhaftes Gekicher» von sich, worauf sie mit dem Liebesspiel beginnen. Und wenn die Antwort von einem Wallach kommt, fordert ihn der Hengst in unmißverständlichen Tönen auf, umgehend zu verduften. In jedem Fall wird sich der Schrei des Hengstes sehr ähnlich anhören, die Bedeutung jedoch wird vollständig verschieden sein. Die Stimme eines Pferdes führt nur hin zur Bedeutung einer Botschaft, sie ist jedoch nicht Träger dieser Botschaft, wie sie es bei der menschlichen Sprache ist.

Natürlich kann sich auch ein Mensch einem anderen, der seine Sprache nicht versteht, einfach durch den Gebrauch von Zeichen und den Tonfall seiner Stimme verständlich machen. Wenn Sie das nicht glauben, brauchen Sie nur einen Seemann zu beobachten, der in einem fremden Hafen an Land geht. In kürzester Zeit wird er seinen Bedürfnissen Ausdruck gegeben haben und seine Wünsche – meistens Schnaps, Frauen und Amüsement (in dieser Reihenfolge) – erfüllt sehen, ohne daß er auch nur ein Wort der betreffenden Sprache gebraucht hätte, um sich verständlich zu machen.

Bei Pferden ergibt sich die Bedeutung eines Rufs aus dem Zusammenhang. Aus diesem Grund sind die auf Tonband aufgenommenen Lautäußerungen von Pferden so schwer zu verstehen – aus einer Tonbandaufzeichnung geht der Zusammenhang nicht hervor. Natürlich kann es auch vorkommen, daß man einen Ruf falsch auslegt. Ich habe sogar schon erlebt, daß ein Pferd den Ruf eines anderen mißverstanden hat. Der Welsh Cob Rostellan, das Pferd meiner Frau, antwortete einmal auf den Ruf eines Hengstes, den ich kurz zuvor gekauft und kastrieren lassen hatte. Als wir den Ex-Hengst zum erstenmal hinausließen, trabte er auf die Weide hinaus und rief «Ist da jemand?» Rostellan antwortete, und sie riefen sich zu, bis sie sich sehen konnten. Dann trabte Rostellan zu ihm hin, weil er dachte, der Hengst wolle ihn begrüßen, und der schmetterte ihm zum Dank für seine Bemühungen seine Hufe in die Rippen.

Da Sie nicht nur verstehen möchten, was Ihr Pferd sagt, sondern Ihr Pferd auch verstehen soll, was Sie sagen, ist es sehr wichtig, daß Sie Ihre Stimme im Umgang mit dem Pferd immer richtig anwenden. Falls Sie nicht zufällig Tierstimmenimitator von Beruf sind, hat es keinen Zweck, die Töne und Geräusche nachahmen zu wollen, die das Pferd von sich gibt, höchstens die aus dem niedrigen Stimmbereich – d. h. ein sachtes Ein- und Ausatmen. Auch ein sehr tiefes Bullern liegt noch im Bereich unserer Stimmittel. Darüber hinaus ist es nutzlos, ein Pferd imitieren zu wollen, und das Pferd wird sowieso sehr bald in der Lage sein, Ihre normalen Laute zu verstehen. Die verbale Lenkung des Pferdes durch den Reiter besteht aus so einfachen Kommandos wie «Ho», «Schritt» oder «Terrrab», und das Pferd wird extrem schnell lernen, darauf zu reagieren, wenn Sie die richtige Trainingsmethode haben. Wenn das Pferd auf ein Kommando richtig reagiert, müssen Sie es loben und klopfen. Es muß durch Lob lernen, nicht durch Strafe. Wenn Sie «Ho» sagen, das Pferd aber weitergeht und Sie ihm eins mit der Peitsche versetzen, wird es das Kommando «Ho» sehr bald mit der Peitsche in Verbindung bringen und die Bedeutung nie richtig lernen. Es gibt Kommandos, auf die ein sehr hoher Prozentsatz aller Pferde automatisch reagieren, und dazu gehört «Ho». Ungefähr siebzig Prozent aller rohen Pferde werden auf das Wort «Ho» hin ganz natürlich langsamer oder halten an. Genauso gehen die meisten Pferde auf Zungenschlag vorwärts. Auf das Wort «Steh!» hin stellt ein Pferd sich automatisch ruhig hin. Anscheinend rufen diese Laute eine Art automatischer Reaktion bei Pferden hervor, man sollte sie jedoch nicht mit den Kommandos verwechseln, die man dem Pferd erst beigebracht hat.

Natürlich ist der Tonfall der Stimme sehr wichtig, wenn Kommandos gegeben werden. Den Iren Dan Sullivan, der den Beinamen «der Flüsterer» trug, habe ich schon erwähnt. Wenn Sie sehr leise auf ein Pferd einsprechen, ist es so, als ob Sie es mit der Stimme streichelten, und hat nahezu den gleichen Effekt, wie wenn Sie es mit der Hand streicheln. Auf einen in freundlichem Ton vorgetragenen Singsang (ich sage meistens: «So ist er brav, so ist er brav, so ist er ganz brav») reagiert ein Pferd automatisch damit, daß es ruhiger wird, wenn es aufgeregt war. Wenn Sie mit scharfer Stimme sprechen, nimmt es sich zusammen und wird aufmerksam. Wenn Sie es anschreien, weiß es, daß Sie wütend sind. Jeder Tonfall und all seine Nuancen provozieren eine automatische Reaktion.

Sie müssen diese stimmlichen Hilfsmittel jedoch sehr vorsichtig anwenden. Vor vier, fünf Jahren hatte ich eine hervorragende Schäferhündin, die das Zeug zur Championatssiegerin hatte, aber vor lauter Eifer und Enthusiasmus war sie nicht sehr gehorsam. Nachdem ich etwa drei Monate mit ihr trainiert hatte, beachtete sie kein Kommando mehr von mir, wenn ich nicht vorher «Fan, du Mistvieh» schrie. Wenn sie besonders ungehorsam war, hatte ich sie nämlich immer angeschrien mit «Fan, du Mistvieh» und einen Stein nach ihr geworfen, damit sie merkte, daß sie gefälligst auf mein Kommando hören sollte. Danach mußte ich jedes Kommando mit «Fan, du Mistvieh» beginnen.

Das Pferd reagiert natürlich besonders gut auf Stimme. Einmal fuhr ich mit Fearless und einem jungen Wagenpferd, das gerade eingefahren wurde, Kuhmist auf ein sehr steiles Feld hinaus. Das Wagenpferd ging zwischen den Stangen, Fearless im Zuggeschirr. Um zu dem Feld hochzukommen, mußte man soviel Anlauf wie möglich nehmen, was bedeutete, daß die Pferde galoppierten und ich selbst neben dem Stangenpferd herrannte. Diesmal rutschte ich aus, als wir gerade in den Weg einbogen, und kam mit einem Bein zwischen Wagen und Hinterbeine des Wagenpferdes zu liegen. In höchstem Schrecken schrie ich verzweifelt: «Ho, Fearless», und Fearless bremste sofort und keilte nach dem Wagenpferd aus, so daß es ebenfalls bremste und sich zurückwarf. Das Rad kam genau auf meinem Bein zum Stillstand. Man konnte den Abdruck auf meinem Schenkel sehen, wenn es mich aber überrollt hätte, mit zehn bis fünfzehn Zentnern Mist auf dem Wagen, hätte ich nie mehr gehen können. Das ist ein glänzendes Beispiel dafür, wie ein Pferd auf den Tonfall einer Stimme reagiert. Wenn ich «Ho, Fearless» in normalem Ton gesagt hätte, hätte sie mit hoher Wahrscheinlichkeit überhaupt keine Notiz von mir genommen, aber bei dieser Gelegenheit hielt sie sofort an und bremste auch noch das junge Pferd. Das war einer der Gründe, warum ich die alte Ziege so gern hatte.

Eine Theorie meines Vaters lautete, daß es beim Einreiten oder -fahren eines jungen Pferdes sehr wichtig sei, es umzuwerfen und ihm beizubringen, sich auf Kommando hinzulegen. Das ging meist so vor sich, daß er das Pferd umwarf, sich dann auf das am Boden liegende Pferd obenauf setzte und sich eine Pfeife oder einen seiner geliebten Burma-Stumpen anzündete und irgendein Marathongedicht rezitierte, mit Vorliebe «The Man from the Snowy River» oder «Kissing Cups Race». Wenn er mit diesen beiden durch war, so schwor er, war jedes Pferd ruhig geworden, und das stimmte meist auch. Es war auch wirklich eine ganz außergewöhnliche Gehorsamsprüfung, denn normalerweise suchte, wenn der Boss seine Burma-Stumpen rauchte, jedes Lebewesen im Umkreis eines halben Kilometers das Weite. Das Prinzip an sich, in einem solchen Fall Gedichte zu rezitieren, ist jedoch sehr gut, denn wir haben schon oft festgestellt, daß sich die rohen Pferde, mit denen wir hier viel zu tun haben, beruhigen und entspannen, wenn man irgend etwas Beruhigendes und ziemlich Gleichförmiges rezitiert oder singt. Außerdem entspannt man sich dabei auch selbst, was wahrscheinlich genauso wichtig ist. Wenn man einem Pferd nahe ist, reflektiert das

Tier die Emotionen und Gefühle des Menschen; wenn der Mensch nervös ist, ist auch das Pferd nervös, und wenn er entspannt ist und in entspanntem Ton spricht, entspannt sich auch das Pferd.

5 Die Verwendung von Zeichen in der Pferdesprache

In den letzten beiden Kapiteln habe ich versucht zu zeigen, wie das Pferd seine Stimme einsetzt, um etwas Bestimmtes auszudrücken. Für jeden, der Pferde aufmerksam beobachtet hat, muß jedoch klar sein, daß Pferde auch Zeichen auf verschiedenste Weise verwenden: um eine Absicht auszudrücken, um auf etwas aufmerksam zu machen, als Warnung und manchmal als Meinungsäußerung. Es wird wahrscheinlich nach links sehen, wenn es nach links gehen will, und es wird nach rechts sehen, wenn es nach rechts gehen will – das ist die Art, dem Menschen zu zeigen, wohin es zu gehen gedenkt. Es hebt den Kopf, spitzt die Ohren und schaut intensiv auf einen Gegenstand, auf den es den Menschen aufmerksam machen will. Es legt die Ohren zurück und hebt einen Hinterfuß an als Warnung, daß es ausschlagen wird, wenn man noch näherkommt. Wenn Sie ihm etwas füttern, was es nicht mag, nimmt es ein Maulvoll und spuckt es wieder aus, eine klare Demonstration dessen, was es davon hält.

Natürlich ist die Benutzung der Zeichensprache nicht allein auf Pferde beschränkt. Alle Tiere und auch Menschen verwenden Zeichen als Bestandteil ihrer Verständigung mit anderen Mitgliedern ihrer Art. Der Sinn einer Unterhaltung wird uns aus dem Gesichtsausdruck und den Gesten ebenso klar wie aus dem Ton der Stimme. Die Worte «Ich hasse dich, und du wirst noch an mich denken» sind in einem Zusammenhang eine Drohung und sehr aggressiv; wenn sie aber ein Mann sagt, der gerade eine Frau streichelt und liebkost, haben sie eine ganz andere Bedeutung. Ich habe schon beschrieben, daß Cork Begs Begrüßungsruf sowohl «Willkommen» wie «Fein, hier kommt mein Frühstück» oder «Komm her» bedeuten kann, je nachdem ob er am Mantel meiner Frau herumknabbert, seinen Futtertrog herumstößt oder seine Freundin auf der Weide ruft. Genauso sagt die Stute, wenn sie die Ohren zurücklegt, quietscht und einen Hinterfuß schlagbereit anhebt: «Wenn du nicht verschwindest, schlage ich dir die Zähne ein». Wenn sie dagegen quietscht, ausschlägt und den Schweif hebt, wenn ein Hengst in der Nähe ist, ist sie rossig, und das Ganze hat eine ganz andere Bedeutung. Wir nennen das ihr «mädchenhaftes Gekicher». Daraus läßt sich ersehen, daß derselbe Vokalton durch Hinzufügung eines anderen Zeichens zwei gänzlich verschiedene Botschaften enthalten kann, sogar zwei diametral entgegengesetzte Botschaften wie «Verschwinde» und «Komm her und hab mich lieb».

Tatsächlich ist die Zeichensprache viel leichter zu verstehen als der vokale Teil der Botschaft, und es ist mir immer unklar gewesen, warum sich die moderne Forschung – mit Ausnahme der Arbeiten von Meech und Ewbank an der Liverpool University über Schweine und ein, zwei anderen – bei der Arbeit über Tierkommunikation nicht mehr auf die Zeichensprache konzentriert hat. Zumindest bei Pferden folgen die Zeichen einem viel regelmäßigeren Muster als die Laute, und die Absicht eines Pferdes läßt sich leicht aus den von ihm verwendeten Zeichen ablesen. Dazu kommt, daß die Zeichensprache allen Rassen, Altersstufen und Geschlechtern gleichermaßen eigen ist, obwohl es ein paar wenige Ausnahmen gibt wie z. B. die sexuellen Laute oder die Laute, die nur ein Fohlen anwendet, wenn es sagen will «Ich bin doch noch so klein». Letzteres drückt ein Fohlen aus, wenn es sich einem größeren Pferd nähert, über dessen Haltung es sich nicht im klaren ist. Es senkt dann den Kopf, als ob es bei der Mutter trinken wolle, öffnet leicht das Maul, zieht die Lippen zurück und macht saugende Bewegungen. Das Fohlen weiß, daß ein größeres Pferd daraus erkennt, daß es sich um ein Fohlen handelt, und nicht beißen oder schlagen wird. Dieses Zeichen ist bei nahezu allen Fohlen und manchmal auch bei Jährlingen zu finden, und einmal habe ich es bei einem vierjährigen Wallach gesehen. Unter den Menschen ist die Zeichensprache genauso universal und gleich und hat ebenso wenig damit zu tun, zu welcher Rasse ein Mensch gehört.

Natürlich ist es fast unmöglich, irgendeiner isoliert ausgeführten Bewegung eine bestimmte Bedeutung zuzuordnen. Wenn ein Pferd seinen Hinterfuß anhebt, kann das ebenso gut heißen «Gleich schlage ich aus» wie «Mein Fuß tut weh». Der Nachdruck oder die Situation, in der die Bewegung erfolgt, und die zuvor und danach geäußerten Laute gehören alle zum Verständnis der Bedeutung. Jeder, der das Pferd kennt, wird die Bedeutung der Zeichen sehr leicht erfassen können.

Ein Pferd benutzt zwischen siebzig und achtzig verschiedene Zeichen. Das hängt vom Alter des Pferdes und davon ab, ob es sich um einen Hengst, eine Stute oder einen Wallach handelt. Alle Zeichen bilden einen Teil der siebenundvierzig elementaren Botschaften und der vierundfünfzig Unterbotschaften und werden gewöhnlich in Verbindung mit Lauten benutzt. Es gibt allerdings auch Fälle, bei denen die Botschaft ausschließlich durch Zeichen übermittelt wird, besonders wenn ein Pferd nur Kopf und Ohren benutzt. Zur Übermittlung einer Botschaft mittels Zeichen bedient sich das Pferd seines Mauls, seiner Nase, seiner Augen, Ohren, des ganzen Kopfes und Halses, seiner Haut, seines Schweifs, seiner Beine und seiner Füße. Beine und Füße werden entweder einzeln oder paarweise benutzt, d. h. genauer gesagt: die Vorderbeine können einzeln oder paarweise benutzt werden und die Hinterbeine desgleichen. In Freiheit verwendet ein Pferd seine Hinterhand normalerweise nur zur Verteidigung, während es die Vorderbeine und Zähne zum Angriff benutzt, aber es ist zugegebenermaßen nur ein geringer Trost für jemanden, der mit gebrochenem Bein im Krankenhaus liegt, zu wissen, daß das Pferd sich nur verteidigen wollte.

Ungewöhnlich an der Zeichensprache ist, daß man manchmal sehr merkwürdigen Zeichen begegnen kann, die das Pferd oft von anderen Tieren übernommen hat. Unseren kleinen Welsh-Ponyhengst habe ich schon erwähnt, der das ganze Jahr über kaum Kontakt mit anderen Pferden gehabt hatte und mit einer Herde Kühe auf der Weide gewesen war. Wenn nun eine Stute stallte, hielt er die Nase dazwischen und beroch den Urin, wie ein Bulle es bei einer Kuh macht. Diese Angewohnheit ist mir nur ein einziges Mal bei einem Pferd begegnet, und für mich besteht kein Zweifel daran, daß er diese Gewohnheit von der Kuhherde übernommen hat, mit der er zusammen war.

Dann hatten wir noch ein Pony, das ein Bein schiefstellte wie ein junger Hund, und als ich dieser Gewohnheit nachging, stellte sich heraus, daß es auf der Farm, auf der es früher gewesen war, mit dem Schäferhund zusammen im selben Stall geschlafen hatte. Die beiden waren sehr befreundet, und das Pony hatte sich die Beinstellung angewöhnt, weil es den Hund nachahmte. Merkwürdigerweise tat es das jedoch nur über einer Stelle, an der eine Stute Wasser gelassen hatte. Der Urin eines Wallachs löste dieses Verhalten nicht aus.

Kopf und Hals benutzt das Pferd bei der Zeichensprache natürlich am meisten. Sie können als Ganzes zur Übermittlung einer Botschaft dienen, die einzelnen Körperteile können aber auch für sich benutzt werden. Nase und Lippen drücken meist Zuneigung aus – um ein Fohlen oder ein anderes Pferd zu liebkosen und zu beruhigen und im Liebesspiel –, sie können aber auch dazu dienen, etwas genau zu untersuchen oder auf einen besonderen Gegenstand aufmerksam zu machen. Wenn ein Pferd die Nase an einem Menschen oder einem anderen Pferd reibt, drückt es damit seine Zuneigung aus. Ein Fohlen, das Angst bekommt, rennt zur Mutter, und sie reibt ihre Nase an seinem Fell, um es zu beruhigen. Wenn sich Pferde gegenseitig mit der Nase übers Fell fahren, ist das praktisch eine Erweiterung des Begrüßungszeichens, aber wenn eine Stute ihrem Fohlen über das Fell fährt, sagt sie: «Alles in Ordnung, Mami ist ja da.»

Wenn jemand von einem Pferd gebissen wird, weiß er im allgemeinen nur, daß es weh tut und er nicht gerade begeistert ist. Ein Pferd kann auf vier ganz verschiedene Arten beißen. Beim Liebesspiel treten Maul, Zähne und Lippen in Aktion, und es können alle vier verschiedenen Beißarten zur Anwendung kommen. Ein Hengst nähert sich einer Stute und kneift sie. Sie fährt mit dem Kopf herum und schnappt nach ihm, und die Art, wie sie Kopf und Hals bewegt, zeigt dem Hengst, wie seine Aufmerksamkeit aufgenommen wird. Sie kann nur den Kopf drehen und ihn liebevoll kneifen, sie kann herumfahren und nach ihm schnappen, was bedeutet: «Mach, daß du wegkommst.» Sie kann ihm auch einen Stoß mit den Zähnen versetzen oder wirklich ein Stück Fell zwischen die Zähne nehmen und zubeißen, um ihre Abweisung deutlich zu machen. Stößt der Hengst mit seinen Absichten in irgendeiner Weise auf Ermutigung, kneift und liebkost er Flanken und Lenden der Stute liebevoll mit den Lippen, und sehr oft umfaßt er mit den Zähnen ihren Mähnenkamm, ohne sie wirklich zu beißen. Der Hengst kann die Stute in einer einzigen Handlungsfolge also zum Zeichen der Zuneigung kneifen und sie als Beweis seiner Leidenschaft mit den Zähnen packen. Die Stute dagegen kneift ihn entweder liebevoll, schnappt nach ihm oder knufft ihn mit den Zähnen. Im äußersten Fall beißt sie ihn mit wirklicher Wut.

Jede dieser vier Gesten bedeutet etwas ganz anderes. Mit dem Kneifen sagte die Stute: «Liebling, hör auf», und mit dem Schnappen: «Geh weg und laß mich in Ruhe.» Dann knufft sie ihn entweder mit den Zähnen oder beißt ihn wirklich. Am häufigsten sieht man den Stoß mit den Zähnen. Kopf und Zähne stoßen oder schwingen nach vorn, und das andere Pferd erhält einen Schlag mit den Zähnen. Die Zähne bleiben aber auseinander, und es ist mehr ein Hieb als ein Biß, obwohl man es oft mit einem Biß verwechseln kann. Bei diesem ist zwar die Bewegung von Kopf und Hals die gleiche, die Zähne packen den Gegner jedoch richtig. Wenn sie gleich wieder loslassen, handelt es sich um ein Schnappen. Es kann aber auch vorkommen, daß das Pferd mit aller Kraft die Zähne zusammenbeißt und den Gegner festhält. Das ist aber sehr selten der Fall, normalerweise nur beim Kampf zweier Hengste in Freiheit.

Der Stoß dagegen wird häufig angewendet, meist als Warnung; aber wenn die Warnung nicht beachtet wird, kann das Pferd auch schnappen oder beißen. Im allgemeinen ist es ratsam, diese Art Warnung nicht in den Wind zu schlagen, denn wenn ein Pferd wirklich zupackt, tut es weh. Wenn es einen Menschen in den Arm beißt, kann es ihn brechen, wenn es die Schulter zu fassen bekommt, kann es den Betreffenden hochheben und schütteln, was zwar höchst ungewöhnlich ist, doch man kann nur hoffen, daß es einem nicht passiert.

Im Gegensatz zu Menschenaugen, die ihre eigene Sprache sprechen, wechselt der Ausdruck in Pferdeaugen kaum. Sie zeigen nur an, in welche Richtung ein Pferd gerade blickt. Dagegen können die Ohren, die in der Zeichensprache der Menschen so gut wie keine Rolle spielen, unendlich viele verschiedene Stimmungen und Bedeutungen ausdrücken. Nicht nur für sich genommen, sondern auch mit anderen Körperteilen zusammen dienen sie dazu, eine Absicht mitzuteilen, auf einen Gegenstand oder Vorfall aufmerksam zu machen, und vor allem dazu, die Stimmung des Pferdes anzuzeigen. Die meisten Menschen wissen, daß es Feindseligkeit bedeutet, wenn ein Pferd die Ohren so weit zurücklegt, wie es nur geht. Man geht ihm dann besser aus dem Weg.

Wenn die Ohren ungefähr die Mittelstellung zwischen gespitzt und zurückgelegt einnehmen, bedeutet das normalerweise, daß das Pferd entspannt vor sich hindöst und in keiner Weise beunruhigt ist. Wenn es die Ohren aber bewußt in dieser Stellung hält, bedeutet es, daß es auf den Menschen hinter ihm achtet und wahrscheinlich auf dessen Stimme hört. Wenn ich ein Pferd reite oder mich mit ihm beschäftige, rede ich sehr viel mit ihm, und die Ohren sind halb zurückgeklappt, weil es dem Ton meiner Stimme lauscht. Ich sage zwar immer, daß es meinen weisen Worten lauscht, aber in Wirklichkeit lauscht es natürlich nur dem Ton meiner Stimme.

Ein Pferd kann seine Ohren auch nach der einen oder anderen Seite hin ausrichten, um auf irgend etwas aufmerksam zu machen. Es sieht den Gegenstand an und scheint ihn gleichzeitig zu hören, wobei es wahrscheinlich darauf achtet, ob es ein drohendes Geräusch oder eine drohende Bewegung auffangen kann. Zu Dreivierteln gespitzte Ohren bedeuten: «Ich bin wach und munter, los geht's», und wenn die Ohren steil nach vorn gerichtet sind, heißt das, daß das Pferd auf etwas aufmerksam machen will oder etwas beobachtet. Wenn die Ohren jedoch steif nach außen gerichtet sind, ist das ein sicheres Zeichen dafür, daß eine Auseinandersetzung mit dem Pferd bevorsteht. Wie die zurückgelegten Ohren bedeutet es eine feindselige Einstellung. Bei zurückgelegten Ohren kann der übrige Körper trotzdem halb oder dreiviertel entspannt sein, wenn aber die Ohren nach außen zeigen, ist auch jeder einzelne Muskel angespannt. Als nächstes wird das Pferd wahrscheinlich buckeln, schlagen oder steigen oder mit den Zähnen auf sein Gegenüber losgehen. In 999 von 1000 Fällen zeigen die Ohren unfehlbar die Stimmung eines Pferdes an.

Vor ein paar Jahren hatten wir einen eingetragenen Welsh Cob, der schlicht nicht ganz richtig im Kopf war. Was er auch vorhatte, seine Ohren waren immer so lieb gespitzt, als ob er das netteste und freundlichste Pferd wäre. Dabei war er der schlimmste Teufel, mit dem ich je zu tun hatte. Er bockte, stieg, wälzte sich am Boden, fiel rückwärts um, drehte sich bockend im Kreis, versuchte seinen Reiter am nächsten Baum abzustreifen oder gegen eine Wand zu drücken, schlug und ging mit den Vorderbeinen auf einen los. Und bei all dem machte er ein Gesicht wie ein unschuldiger Säugling. Drei, vier Leute hatten versucht, ihn einzureiten, zwei davon mit sehr grausamen Methoden, und der Dritte brachte ihn dazu, daß er Menschen überhaupt ablehnte. Als ich ihn drei Monate bei mir hatte, konnte ich zwar alles mit ihm machen, für jeden anderen war er aber immer noch gefährlich.

Pferde buckeln oft aus purem Vergnügen und haben Spaß daran, besonders wenn es auch den Reitern Spaß macht. In diesem Fall kann ein Pferd auch mit gespitzten Ohren buckeln. Aber dann handelt es sich um reine «joie de vivre», Lebensfreude, und nicht im geringsten darum, den Reiter aus dem Sattel zu befördern. Wie erwähnt buckelte der alte Cork Beg bei meiner Frau immer so lange, bis sie lachen mußte.

Wenn Kopf und Hals zusammen als Zeichen benutzt werden, machen sie auf etwas aufmerksam oder zeigen an, in welche Richtung ein Pferd zu gehen gedenkt. Wenn Hals und Zähne zu einem Biß oder Stoß benutzt werden, drücken sie eine Drohung gegenüber einem anderen Pferd aus.

Beine, Zähne und Schweif dienen natürlich überhaupt meist dem Ausdruck feindlicher Absicht. Man darf jedoch nicht vergessen, daß das Anheben eines Fußes sowohl «Mir tut der Fuß weh» als auch «Gleich schlage ich aus» bedeuten kann. Der Unterschied zwischen einer Warnung und einer ausgesprochenen Drohung geht meist aus dem Nachdruck hervor, mit dem eine Bewegung ausgeführt wird, aber das ist von Pferd zu Pferd verschieden, wie es auch die Heftigkeit der Worte bei den Menschen ist. Bei dem einen Pferd bedeutet es vielleicht absolut nichts, wenn es den Fuß hebt und damit wedelt, beim nächsten ist es eine sehr reale und bestimmte Drohung, und ein drittes Pferd hebt den Fuß vielleicht nur Zentimeter vom Boden hoch, wenn es drohen will. Wenn Sie diese Drohung jedoch nicht beachten, können Sie als nächstes Ihre Zähne von der Stallgasse aufsammeln. Wie nachdrücklich ein Pferd eine Bewegung ausführt oder wie stark die Sprache eines Menschen ist, hängt vom jeweiligen Individuum ab, und man kann die Intensität der Botschaft erst ermessen, wenn man das Individuum kennt.

Auch das Fell des Pferdes spricht. Normalerweise übermittelt es eine Reaktion. Wenn man einen schmerzenden Körperteil berührt, und das Fell des Pferdes zuckt, und es weicht zurück, sagt es damit: «Das tut weh.» Manchmal zucken Pferde spontan mit Hautpartien, um einen darauf hinzuweisen, daß dort etwas schmerzt.

Die Stimmung des Pferdes läßt sich auch daran ablesen, ob die Muskeln angespannt oder gelöst sind. Je nachdem, welche Muskelpartien gelöst oder angespannt sind, verraten sie auch, mit welchem Körperteil das Pferd als nächstes reagieren wird. Wenn z. B. die Rückenmuskeln verspannt sind, bedeutet das, daß das Pferd gleich buckeln wird.

Mit dem Schweif werden feindliche Absichten oder (bei einer Stute) eine sexuelle Reaktion ausgedrückt. Wenn er nur hoch getragen oder herausgestellt ist, heißt das einfach, daß das Pferd aufmerksam und munter ist – tatsächlich benutzt das Pferd seinen Schweif, um auszudrücken «Auf geht's». Meist wird der Schweif in Verbindung mit Hals und Kopf benutzt. Ist der Kopf erhoben, wird auch der Schweif frei getragen, ist der Hals entspannt, ruht auch der Schweif entspannt zwischen den Hinterbacken.

Außerdem darf man nicht vergessen, daß all diese Zeichen in Verbindung mit dem vokalen Teil einer Botschaft auftreten können und auch oft so gebraucht werden. Das kann sich auf ein scharfes Luftholen oder ein Blasen durch die Nüstern beschränken, es kann auch ein Wutschrei sein. Im Gegensatz zum vokalen Bereich der Botschaften verändert sich die Anzahl der Körper-Zeichen von Pferd zu Pferd kaum, aber in Verbindung mit der Stimme und der außersinnlichen Wahrnehmung kann die Zahl der durch Zeichen übermittelten Botschaften beträchtlich schwanken.

Einen Vorfall während des Krieges werde ich nie vergessen. Ich war gerade aus Übersee zurück, und das erste, was ich tat, als ich wieder nach Hause kam, war ein Besuch bei den Pferden auf der Koppel. Sie grasten alle am anderen Ende einer 4 Hektar großen Koppel, die etwa 600 Meter lang war. Ich stand am Tor und schrie: «Kommt her, ihr Lieben.» Sie schauten auf und galoppierten dann auf mich zu, Fearless vorneweg. Sie raste mit vorgerecktem Kopf, angelegten Ohren und offenem Maul auf mich zu. Auch nach acht Jahren war ihr zuzutrauen, daß sie zubeißen oder mit den Vorderbeinen zuschlagen würde, und da ich schon zu weit in die Koppel hineingegangen war, um den Rückzug antreten zu können, blieb ich stehen. Ungefähr zehn Meter vor mir stemmte sie alle Viere in den Boden und kam rutschend zum Stehen. Dann machte sie zwei Schritte auf mich zu und leckte mich von Kopf bis Fuß ab. Das tat sie etwa drei Minuten lang, und mir rannen vor Rührung die Tränen übers Gesicht. Anscheinend fand sie, daß es des Guten nun genug sei.

Nur um mir zu zeigen, daß die Dinge sich ansonsten nicht geändert hatten, packte sie mich mit den Zähnen, hob mich hoch und schüttelte mich vier- oder fünfmal langsam vor und zurück. Dann stellte sie mich wieder ab und rieb ihre Nase an mir. So gerührt war ich mein ganzes Leben noch nicht. Die Art ihrer Liebesbezeugung war zwar etwas ungewöhnlich, aber sie war fantastisch.

Einem Freund von mir passierte eine andere unorthodoxe Art des Liebesbeweises. Ich hatte ihm eine hübsche, ruhige, sanfte Stute verkauft. Er verstand nicht allzuviel von Pferden, aber er kam mit der Stute sehr lange Zeit ausgezeichnet zurecht. Eines Tages jedoch rief er mich ganz verzweifelt an. Der Stute fehle irgend etwas, ob ich bitte gleich herüberkommen könne. Ich fuhr also sofort zu ihm und fragte ihn, was los sei. Er sagte: «Solange ich nicht im Stall bin, scheint ihr weiter nichts zu fehlen. Wenn ich aber zu ihr hineingehe und sie anfasse, quietscht sie, wedelt mit dem Hinterbein und macht Pipi.» Dann zog er mich in den Stall und zeigte es mir. Ich sah auf den ersten Blick, was vorgefallen war. Die Stute war schlicht und einfach rossig. Sie hatte sich in ihren Besitzer verliebt, als wäre er ein Hengst, und sie zeigte ihre Zuneigung auf die einzige Art, die sie kannte.

6 Unser Wörterbuch der Pferdesprache

Ich habe von Botschaften, Unterbotschaften und Variationen gesprochen. Diese Begriffe sind natürlich sehr vage und unbestimmt. Das kommt daher, daß die Tierkommunikation selbst sehr unbestimmt ist, weil die Interpretation einer Botschaft eine persönliche Angelegenheit ist. In unserer Definition ist eine *Botschaft* eine Absicht, eine Drohung oder eine Frage, ein Gefühl oder eine Erklärung von seiten eines Pferdes. Eine

Unterbotschaft ist eine Fortentwicklung der Botschaft oder eine Reaktion darauf. Der Begriff *Variation* ist eine Abkürzung des Satzes «Variation der gebräuchlichsten Art, eine Botschaft oder Unterbotschaft zu übermitteln». Manche Botschaften können auf viele verschiedene Arten ausgedrückt werden, durch Zeichen, Laute und verschiedene Kombinationen beider. Bei unseren Beobachtungen an etwa dreihundert Pferden haben wir dreißig verschiedene Arten der Begrüßung festgestellt und ebenso etwa dreißig Variationen des Satzes «Wo zum Kuckuck bleibt mein Frühstück». Das «Ich bin doch noch so klein» des Fohlens kann dagegen nur auf zwei bis drei Arten gesagt werden, und die meisten Botschaften haben zwischen sechs und zehn Variationen.

In unserem Wörterbuch der Zeichen und Laute sind die meisten Varianten nicht aufgeführt; wir haben für dieses Buch die Liste auf die gebräuchlichsten Arten, einen Satz auszudrücken, verkürzt. Die Worte, die wir benutzen, um eine spezielle Botschaft auszudrücken, sind uns nur so eingefallen, sie haben keinen hintergründigen Sinn, doch haben wir uns natürlich bemüht, die sinngemäße Bedeutung einer Botschaft so gut wie möglich mit unseren Worten und Sätzen zu treffen. Sie werden merken, daß manche ähnlichen Botschaften in dem Wörterbuch mit zwei oder drei verschiedenen Sätzen umschrieben sind, aber Sie werden auch merken, daß der Zusammenhang und daher auch die Botschaft jeweils selbst anders ist. Das trifft besonders auf Botschaften zu, die schon fast Unterbotschaften sind, weil sie Fortentwicklungen einer ursprünglichen Erklärung sind; aber da sie zeitweilig auch für sich allein gebraucht werden, haben wir sie unter Botschaften aufgenommen. Jeder, der sich für die Pferdesprache interessiert, wird sowieso sein eigenes Wörterbuch zusammenstellen müssen und natürlich jede Botschaft mit seinen eigenen Wörtern umschreiben. Vielleicht hebt er den Unterschied wieder auf, den wir zwischen Botschaft und Unterbotschaft gemacht haben, oder er nimmt ein paar Befehlsformen oder Variationen als selbständige Botschaften auf. So wie jedes Pferd seine akustischen und visuellen Botschaften anders übermittelt, so wird auch jedes Wörterbuch individuell verschieden sein.

Für diejenigen, die ihr Pferd besser verstehen möchten, lasse ich als Einführung eine stark gekürzte Ausgabe meines eigenen Wörterbuches folgen. Die Sätze sind zunächst alphabetisch geordnet. Dahinter steht die Anzahl der zu jedem Satz gehörenden Unterbotschaften und eine laufende Nummer, unter der man im nachstehenden ausführlichen Text nachschlagen kann. Wenn Sie z. B. wissen wollen, wie ein Pferd den Gedanken «Ich liebe dich» mit seinen beiden Unterbotschaften ausdrückt, sehen Sie unter Nr. 16 im Text nach.

Satz	Anzahl der Unterbotschaften	Laufende Nummer
Bei mir kann dir nichts geschehen	4	21
Bleib hier!	2	6
Das kitzelt	–	45
Das macht mir Spaß	–	39
Das tut gut	–	15
Das tut weh	1	14
Frei sein ist herrlich	–	47
Gehen wir endlich	1	40
Geh weg	2	12
Gleich bocke ich	–	44
Hier bin ich	–	10
Hilfe!	–	30
Hör auf	2	13
Ich bin der Boss	1	33
Ich bin der Größte	–	19
Ich bin doch noch so klein	–	27
Ich bin hier	–	9
Ich bin müde	1	41
Ich habe Angst	–	28
Ich habe Durst	–	26
Ich habe Hunger	3	36
Ich hasse dich	2	17

Satz	Anzahl der Unterbotschaften	Laufende Nummer
Ich kann nicht	1	42
Ich liebe dich	2	16
Ist da jemand?	–	7
Komm her	1	5
Komm her und kämpfe mit mir!	4	18
Komm trinken	1	24
Komm und hole es dir	–	20
Komm und mach mit	3	11
Kratz mich hier	–	46
Laß das!	2	25
Laß mich nicht allein	–	38
Mami hat dich lieb	1	23
Mir bleibt wohl nichts anderes übrig	–	43
Na komm schon	–	37
Nichts wie weg hier	–	29
Nur keine Angst	–	32
O mein Gott	–	31
Platz da!	1	34
Schau mal	4	4
Was ist das?	2	3
Wer bist du?	2	2
Willkommen	–	1
Wir sind lauter anständige Mädchen	5	22
Wo bist du?	–	8
Wo zum Kuckuck bleibt mein Frühstück?	6	35

1. Willkommen. Damit sind alle Begrüßungsrufe und -zeichen unter Pferden gemeint. Die häufigste Form ist das Begrüßungsbullern. Die Lautstärke und die Intensität der Bewegung zeigen den Dringlichkeitsgrad an. Der Zweck des Grußes geht aus dem Zusammenhang sowie aus der Kopf- und Schweifhaltung hervor.

2. *Wer bist du?* Wird verwendet, wenn sich zwei fremde Pferde treffen. Es ist eine Erweiterung der Wendung «Willkommen» und drückt sich darin aus, daß sie sich beschnuppern oder, noch häufiger, anblasen. Wie die beiden Pferde zueinander stehen, zeigen Rauheit oder Sanftheit des Blasens sowie die Kopf- und Schweifhaltung. Daraus gehen die Unterbotschaften (1) und (2) hervor: (1) *Ich bin ein Freund,* ausgedrückt durch weiteres sanftes Blasen oder andere freundliche Gesten, oder (2) *Mach daß du wegkommst,* einem Schnappen oder Kneifen von seiten eines Pferdes, einem Aufstampfen mit dem Vorderhuf, einer Schlagdrohung oder einem Quietschen.

3. *Was ist das?* Bezieht sich auf in der Nähe befindliche Objekte und wird meist mit einem Schnuppern an dem Objekt ausgedrückt, kann sich jedoch auch darin äußern, daß das Pferd mit dem Vorderhuf den Gegenstand berührt. Das führt zu den Unterbotschaften (1) *Alles in Ordnung,* was sich darin ausdrückt, daß das Pferd sich nähert, den Gegenstand untersucht und schließlich ignoriert, oder (2) *Das ist gefährlich,* wobei das Pferd sich entfernt, scheut oder angreift.

4. *Schau mal* will auf etwas aufmerksam machen und äußert sich darin, daß Kopf und Schweif erhoben werden und die Aufmerksamkeit der anderen Pferde durch Schnauben oder Wiehern auf den Gegenstand gelenkt wird. Ähnlich und eine Unterbotschaft zu «Schau mal» ist (1) *Was ist dort,* wobei die Ohren gespitzt werden und der fremde Gegenstand mit erhobenem Kopf betrachtet wird. Auf «Was ist dort» erfolgt keine Lautäußerung als sekundäre Reaktion. Die Pferde reagieren entweder mit «Alles in Ordnung» oder mit «Das ist gefährlich». Eine andere Unterbotschaft ist (2) *Laß uns hier herum gehen.* Das Pferd sagt das, indem es in die gewünschte Richtung schaut und sich dorthin bewegt. Ein anderes Pferd wird als Reaktion auf «Was ist dort» den Gegenstand seinerseits betrachten, und wenn es ihn erkennt, entweder sagen (3) *Nichts Schlimmes* oder (4) *Paß auf* zusammen mit einem warnenden Schnauben oder Wiehern.

5. *Komm her.* Dies beginnt als Begrüßungsbullern und steigert

sich zur Befehlsform, die sich auch dadurch äußern kann, daß der Kopf vor- und zurückgeschwungen wird, wenn die Aufforderung ohne Erfolg bleibt. Die Botschaft kann zu «Wenn du nicht herkommst, mach ich Hackfleisch aus dir» wechseln, was sich in einer Drohbewegung äußert und mit (1) *Schon recht, ich komme ja schon* beantwortet wird, meist in Form eines leisen Bullerns.

6. Bleib hier. Das ist ein Bullern oder leises Wiehern, um einen Gefährten zurückzurufen, und schwankt zwischen dem Begrüßungsbullern und dem «Wo-bist-du»-Gewieher. Oft wird es auch für die Unterbotschaften (1) *Wohin gehst du?* oder (2) *Warte auf mich* verwendet.

7. Ist da jemand? Ein lautes, mehrfach wiederholtes Wiehern mit fragendem Unterton und mit hocherhobenem Kopf und Schweif. Wenn eine Antwort – ein ebenfalls lautes Wiehern in der Bedeutung «Ich bin hier» (s. Nr. 9) – erfolgt, benutzt das erste Pferd die folgende Botschaft:

8. Wo bist du?, was also auch eine Art Unterbotschaft zu «Ist da jemand» sein könnte. Bei der Stute, die nach ihrem Fohlen ruft, oder einem Pferd, das einen Freund sucht, wird das Wiehern hierbei eher leise sein.

9. Ich bin hier ist ein lautes Wiehern als Antwort auf «Ist da jemand?» Es wiederholt sich solange, bis sich die beiden Pferde sehen können. Auch dies kann, wie bei der in Nr. 7 und Nr. 8 beschriebenen Folge, als Unterbotschaft angewendet werden.

10. Hier bin ich. Dieser Ruf dient als Antwort auf «Wo bist du?» auf einige Entfernung; sie besteht meist aus einem hohen Wiehern, während sich die beiden Pferde einander nähern. Wenn sie sich treffen, wechselt es zum Begrüßungsbullern.

11. Komm und mach mit findet Verwendung, wenn zwei Pferde zusammen grasen oder ruhen, und eines weitergehen oder spielen will. Es stößt dann seinen Gefährten an oder tanzt um ihn herum und zwickt ihn. Es kann ein leises Bullern von sich geben oder einfach weiterwandern und hoffen, daß der Gefährte nachkommt. Die Antwort kann lauten (1) *Meinetwegen,* ausgedrückt durch die widerwillige Haltung des Gefährten, oder

(2) *Ja, los* – eine enthusiastische Reaktion – oder (3) *Ich denke nicht daran,* angezeigt einfach durch eine negative Reaktion oder sogar durch Drohhaltung oder Schnappen.

12. Geh weg! Dabei handelt es sich um ein defensives Zeichen, das ausschließlich Schutzfunktionen hat. Es kann eine leichte Drohung vermittels der Zähne oder der Hinterbeine, möglicherweise nur eines Hinterbeines sein. Erfolgt darauf keine Reaktion, folgt die verstärkte Drohung (1) *Geh weg, oder du wirst es bereuen.* Das ist eine eindeutig feindselige Geste, aus der schnell (2) *Du wolltest es ja nicht anders* werden kann, nämlich ein Versuch, nach dem Quälgeist zu beißen oder zu schlagen.

13. Hör auf! Die Reaktion auf die Handlung eines anderen Pferdes oder eines Menschen. Sie variiert von einem Zucken des Fells bis zum Ausholen mit dem Vorderbein, Schlagen oder Beißen. Darauf kann die Antwort (1) *Entschuldigung* erfolgen, ausgedrückt durch rascheste Räumung des Terrains mit einem Ausdruck verletzter Unschuld, oder (2) *Erst wenn ich will,* manifestiert dadurch, daß die als störend empfundene Handlung verstärkt fortgesetzt wird.

14. Das tut weh. Das Pferd weicht zurück, zuckt mit dem Fell oder scheut vor dem Angreifer. Eine Unterbotschaft dazu lautet (1) *Mein Fuß tut weh,* wobei der Fuß angehoben wird und das Pferd lahmt. Zu den Variationen gehört «Mein Rücken tut weh», «Mein Hals tut weh», «Mein Kopf tut weh» oder ähnliches, was wir jedoch als nur *eine* Unterbotschaft rechnen.

15. Das tut gut! Die Reaktion auf eine dem Pferd angenehme Handlung; erscheint dreimal auch in Unterbotschaften, wird jedoch als eigenständige Botschaft und als Bitte um Fortsetzung gebraucht. Sie äußert sich durch vermehrtes Anlehnen an den Partner und wird verwendet, wenn zwei Pferde engen Kontakt miteinander haben, möglicherweise wird das Anlehnen begleitet mit einem Grunzen der Zufriedenheit oder einem Ausatmen.

16. Ich liebe dich. Wir benutzen diese Wendung für eine Zuneigung, die weder mütterlich noch sexuell ist. Es gibt dreißig oder mehr Ausdrucksmöglichkeiten dafür, am häufigsten ist ein sanftes Blasen durch die Nüstern oder ein Reiben mit Nase

und Kopf. Die Antwort darauf kann lauten: (1) *Ich dich auch,* oder
(2) *Geh weg.*

17. Ich hasse dich. Die in diesem Fall verwendeten Zeichen und
Laute unterscheiden sich von «Geh weg» und sind eher aggres-
siver als defensiver Natur. Vorderbeine und Zähne werden
benutzt, was zwischen Pferden ein sicheres Zeichen der Anti-
pathie ist, und wenn die Antwort lautet (1) *Ich hasse dich auch,*
kommt es zum Kampf. Die Antwort kann aber auch lauten (2)
Entschuldigung wie in Botschaft 13. Dieselben Entschuldigungs-
zeichen wie dort werden verwendet, aber unter Einschluß der
Defensivhandlungen, d. h. das Hinterteil wird drohend präsen-
tiert, oder der Angreifer macht Bekanntschaft mit den Hufen
des Angegriffenen.

18. Komm her und kämpfe. Das ist die Antwort auf die Herausforderung eines Hengstes und besteht aus einem schrillen Wiehern oder auch einem Wutschrei. Darauf folgt (1) *Ich mache
Kleinholz aus dir,* was schon Teil des einleitenden Taktierens und
Drohens ist, mit dem versucht wird, einen psychologischen
Vorteil vor den eigentlichen Kampfhandlungen zu erreichen.
Nach dem Kampf sagt der Verlierer (2) *Entschuldigung, ich gehe
schon,* d. h. er flieht mit eingeklemmtem Schweif. Triumphie-
rend droht der Sieger (3) *Wenn ich dich hier noch mal sehe, bringe ich
dich um.* Danach geht der Hengst zu seinen Stuten zurück und
sagt (4) *Habt ihr das gesehen, Mädchen, ich hab' ihn fertig gemacht.*
Das drückt er durch Schnauben aus und dadurch, daß er um
seine Stuten herumtanzt, und er treibt sie vielleicht auch an
einen sichereren Ort. Solche triumphierende Freudensprünge
kommen auch bei Stute oder Wallach vor, wenn sie ein anderes
Pferd oder einen Menschen übertrumpft haben.

19. Ich bin der Größte ist der Trompetenruf eines Hengstes, entweder als Herausforderung oder als Ruf an eine Gruppe von
Stuten. Er wird wiederholt ausgestoßen, während der Hengst
sich den Stuten nähert.

20. Komm und hol es dir ist das laute Wiehern der rossigen Stute
als Antwort auf den Trompetenruf des Hengstes. So wiehert
sie, wenn sie die Herde verläßt und dem Hengst entgegengeht.

21. Bei mir kann dir nichts geschehen ist die erste Wendung, die der Hengst beim Liebesspiel gebraucht, ausgedrückt durch ein Blasen durch die Nüstern. Wenn er als Antwort nicht ein bestimmtes «Nein» erhält, fährt er damit fort, bis sie ein mädchenhaftes Gekicher von sich gibt, und dann sagt er (1) *Ich mag dich,* indem er die Stute an Hals und Flanken mit den Lippen kitzelt, um dann zu drängen (2) *Wir wollen uns lieben,* indem er sie mit den Zähnen zwickt. Darauf fordert er (3) *Nun komm schon,* was er dadurch anzeigt, daß er ihren Mähnenkamm mit den Zähnen umklammert, sie zu besteigen versucht oder auch wirklich besteigt. Die nächste Unterbotschaft ist (4) *Das war gut.* Nach vollzogenem Liebesakt steigt er ab, wölbt den Hals und reibt Maul und Nüstern an der Stute, oder er schnaubt oder zeigt ihr sonst seine Zuneigung.

22. (Geh weg) Wir sind lauter anständige Mädchen. Das kann sich in einem wirklich sehr heftigen Angriff auf den Hengst äußern. Eine ranghohe Stute übernimmt die Führung und verteidigt die Tugend der anderen gegen einen ziemlich unreifen Hengst. Die Antwort kann aber auch umschwenken auf (1) *das mädchenhafte Gekicher,* das als Antwort auf das «Bei mir kann dir nichts geschehen» des Hengstes erfolgt. Es besteht in einem Quietschen der Stute, das oft begleitet ist von einem Wedeln des Hinterbeins, das übergehen kann in (2) *Worauf warten wir denn noch?* Das sagt im allgemeinen eine sexuell aufs höchste erregte Stute, die mit gespreizten Hinterbeinen und erhobenem Schweif dasteht und spritzt. Sie kann auch «blitzen», d. h. ihre Schamlippen öffnen und schließen sich abwechselnd, oder sie steht mit leicht geöffneten Schamlippen da. Aber Stuten sind in ihrem Verhalten gegenüber dem Hengst ebenso unberechenbar wie Frauen gegenüber dem Mann, so daß im Liebesspiel die Reaktionen von «Geh weg, ich bin ein anständiges Mädchen» sehr rasch überwechseln können auf «Komm und hol es dir» und «Worauf warten wir denn noch». Das hängt ausschließlich von der Stute ab. Sie kann alle drei Botschaften einzeln anwenden oder mit «Geh weg» anfangen und die anderen beiden als Unterbotschaften benutzen. Nach dem Liebesakt kann sie sagen (3) *Das war aber ein hartes Stück Arbeit,* wozu sie schwer atmet, bläst und sich überhaupt gründlich beklagt. Sie kann aber auch vielleicht sagen (4) *War das alles?*, indem sie sich einfach schüttelt und weggeht und anfängt zu grasen, oder (5) *Das war schön, bitte nochmal.* In diesem Fall bullert sie leise und versucht, den Hengst zu weiterem Liebesspiel zu verführen.

Mit etwas Glück führen diese Ereignisse elf Monate später, im darauffolgenden Frühling, zur Geburt eines Fohlens, und das macht eine weitere Gruppe von Botschaften notwendig, die die Stute bei der Fürsorge für ihr Fohlen braucht. Die erste ist:

23. Mami hat dich lieb. Diese Botschaft drückt die Stute dadurch aus, daß sie Maul und Nüstern an ihrem Fohlen reibt und sanft durch die Nüstern bläst. Wenn das Fohlen Angst hat, beruhigt sie es und sagt (1) *Hier bist du ganz sicher.* Dabei schubst sie das Fohlen eng an ihre – von der Gefahr abgewendete – Flanke.

24. Komm trinken. Bei dieser Aufforderung bullert oder wiehert die Stute leise und bietet dem Fohlen das Euter an, indem sie ein Hinterbein zur Seite stellt. Wenn sie es nicht trinken lassen will, benutzt sie Unterbotschaft (1) *Hier gibt's nichts,* dazu schiebt sie das Fohlen mit dem oberen Teil des Hinterbeins, dem Knie oder der Nase weg. Ist das Fohlen unartig, sagt sie:

25. Laß das. Diese Botschaft unterscheidet sich von dem normalen «Hör auf», das gesagt wird, wenn zwei Pferde sehr nah beieinander sind; es wird meist durch Zeichen ausgedrückt. Die Stute wird ihr Fohlen jedoch auch aus einiger Entfernung warnen, meist durch ein schrilles Wiehern und eine drohende Haltung des Kopfes. Darauf folgt (1) *Mami hat dich gewarnt!* in lauterem Ton und mit nachdrücklicherer Kopfbewegung. Gehorcht das Fohlen immer noch nicht, sagt sie (2) *Du hast es so gewollt* und straft das Fohlen, meist durch Zwicken.

Das Fohlen gebraucht viele der Botschaften der Erwachsenen, verfügt jedoch auch über zwei eigene:

26. Ich habe Durst. Das drückt es dadurch aus, daß es suchend mit dem Mäulchen über die Flanke der Stute fährt und das Euter zu erreichen versucht.

Wird das Fohlen von einem größeren Pferd bedroht, sagt es:

27. Ich bin doch noch so klein. Es streckt Kopf und Hals nach vorn, manchmal hält es die Nase leicht nach oben und macht saugende Bewegungen mit dem Maul. In den allermeisten Fällen bleibt es dann unbehelligt.

28. Ich habe Angst. Das kann ausgedrückt werden durch ein Schnauben oder Wiehern, und wenn die Pferde in einem abgegrenzten Raum untergebracht sind, drängen sie sich aneinander; sie fühlen sich sicherer in der Gruppe.

29. Nichts wie weg hier wird durch ein Schnauben oder Wiehern ausgedrückt, wobei Kopf und Schweif fluchtbereit erhoben sind. Die Antwort darauf kann lauten «Ja, los» oder «Kein Grund zur Aufregung».

30. Hilfe! Es ist ein sehr selten zu vernehmender, aber unmißverständlicher Schrei der Angst, den auch ich nur einmal gehört habe.

31. O mein Gott! ist ein Schmerzensschrei, den ein Pferd nur in unerträglicher Qual ausstößt. Auch er ist unmißverständlich.

32. Nur keine Angst wird von einem ruhigen Pferd benutzt, das ein erschrecktes beruhigen will. Es bullert beruhigend, bietet dem anderen Pferd Körperschutz oder einfach beruhigenden Körperkontakt.

Eine weitere Lautgruppe hat mit der Herdendisziplin zu tun. In der Herde besteht eine bestimmte soziale Rangordnung, von der Leitstute abwärts zu den Jährlingen, während die Saugfohlen meist von den Müttern in Zucht und Ordnung gehalten werden. Auch bei domestizierten Pferden ist diese Herdendisziplin innerhalb einer Gruppe noch zu beobachten. Das dominierende Herdenmitglied hat Vorrang an der Wasser- oder der Futterstelle und führt die anderen an. Es kann seine Rechte mit der Drohung verteidigen:

33. Ich bin der Boss. Das richtet sich an ein rangniedereres Mitglied der Herde und äußert sich meist in Drohen mit Kopf und Zähnen. «Zurück» sagt der Boss, meist die Leitstute, zu einem anderen Pferd, das sie zu überholen versucht, indem sie mit dem Kopf herumfährt und droht. Darauf folgt «Gleich beiße ich dich» oder «Ich mache Kleinholz aus dir», wobei sie das Unterlegene mit Zähnen und Vorderbeinen wegtreibt. Ist das zweite Pferd sozial gleichgestellt, antwortet es auf «Ich bin der Boss» mit (1) *Bist du nicht,* d. h. es nimmt von der Drohung überhaupt keine Notiz oder droht zurück. Ähnliche Botschaften werden auch in anderen Situationen benutzt – wenn z. B. die Leitstute frißt und sich ein anderes Pferd nähert, kann sie sagen «Zurück oder ich beiße» oder «Ich schlage gleich nach dir».

34. Platz da! Die Leitstute bahnt sich einen Weg durch die Herde, indem sie mit dem Kopf um sich schlägt. Ein rangniederes Pferd aber, das an einem ranghöheren vorbei will, benutzt die Unterbotschaft (1) *Verzeihung, darf ich vorbei?*

Außerdem gibt es noch eine Gruppe von Zeichen und Lauten, die Pferde durch den Kontakt zum Menschen entwickelt haben. Viele davon haben mit der Fütterung zu tun. Die erste und wahrscheinlich älteste dieser Botschaften ist leicht zu verstehen:

35. Wo zum Kuckuck bleibt mein Frühstück? Diese Frage kann sich auf verschiedenste Weise äußern, vom Begrüßungsbullern bis zum Schlag an den Futtertrog. Jeder Pferdebesitzer weiß, wie sein Pferd sich in diesem Fall ausdrückt. Dazu gibt es verschiedene Unterbotschaften. (1) *Ich möchte Wasser* äußert sich oft darin, daß das Pferd den Tränkeimer umherstößt und wiehert. (2) *Ich möchte Heu* zeigt sich darin, daß das Pferd mit angewidertem Gesicht zu seinem leeren Heunetz oder seiner leeren Heuraufe geht. Wenn es gefüttert ist, sagt das Pferd «danke», meist mit dem Begrüßungsbullern oder indem es sagt «Ich liebe dich» und Zuneigung zeigt. Natürlich zeigt es auch an, ob es sein Futter mag oder nicht. Entweder sagt es (4) *Das schmeckt gut,* einfach durch so gieriges Fressen, daß ihm einiges wieder aus dem Maul fällt. Wenn Sie Naschereien verfüttern, sagt es (5) *Noch mehr,* indem es bullert, an Ihren Taschen herumschnuppert und Sie anstößt, um sich in Erinnerung zu bringen. Wenn ihm sein Futter aber nicht schmeckt, sagt es (6) *Das schmeckt scheußlich,* indem es das Zeug wieder ausspuckt, die Lippen hochzieht und Gesichter schneidet.

«Wo zum Kuckuck bleibt mein Frühstück» wird von Pferden benutzt, die an regelmäßige Fütterung gewöhnt sind, aber auch ein Pferd, das nie gefüttert wurde, sagt:

36. Ich habe Hunger bzw. *Durst.* Zum Ausdruck dessen wiehert es, wenn es Sie sieht, und stellt ein leeres und unglückliches Aussehen zur Schau. Eine Unterbotschaft davon ist (1) *Ich bin naß,* sehr ähnlich ausgedrückt, wenn ein Pferd mit hängendem Kopf im Regen steht und sehr unglücklich dreinschaut. Wenn ein Pferd in den Regen hinaus soll, dreht es den Kopf vom Regen weg, geht nur widerwillig und widerstrebend hinaus und sagt auf diese Weise (2) *Das ist ja scheußlich.* Schlottern und unglücklicher Gesichtsausdruck können auch bedeuten (3) *Mir ist kalt.*

Zwischen Reiter und Pferd besteht ständiger Kontakt und werden ständig Botschaften ausgetauscht. Von den Botschaften, mit denen der Reiter seine Wünsche übermittelt, soll hier nicht die Rede sein, da sie eine Sache des persönlichen Geschmacks und des Trainings sind. Viele der von Pferden gebrauchten Zeichen haben wir schon erwähnt, weil Pferde sie auch untereinander verwenden; sie finden jedoch auch bei der Verständigung mit dem Menschen Anwendung. Das erste ausschließlich im Zusammenhang mit dem Reiter verwendete Zeichen ist:

37. Na, komm schon. Das Pferd bullert und tänzelt ein wenig herum als Zeichen dafür, daß es sich freut, endlich hinauszukommen.

38. Laß mich nicht allein, sagt ein zurückgebliebener Gefährte, indem er laut oder leiser wiehert. In seinem Eifer, dem Gefährten zu folgen, kann er auch versuchen, die Stalltür einzutreten.

39. Das macht Spaß, sagt Ihr Pferd vielleicht, sobald Sie unterwegs sind, indem es herumtänzelt oder mit erhobenem Kopf und Schweif vorangeht und überhaupt seine Freude zeigt. Wenn es sich ganz besonders wohlfühlt, zeigt es seine Lebensfreude auf unmißverständliche Weise – «Mir geht's prächtig» –, indem es Kapriolen macht, vor Begeisterung quietscht oder so tut, als ob es bocken wolle.

40. Gehen wir endlich wird dadurch ausgedrückt, daß das Pferd herumtanzt, gegen das Gebiß geht und allgemein zum Ausdruck bringt, daß es schneller gehen will. Eine Unterbotschaft dazu ist (1) *Ja, los,* eine enthusiastische Reaktion auf eine Aufforderung oder einen Befehl, etwas zu tun.

41. Ich bin müde, sagt es ebenso unmißverständlich, wenn es seine Arbeit getan hat. Diese Botschaft drückt sich in der Haltung des Pferdes aus. Die Unterbotschaft lautet (1) *Nicht schon wieder* und drückt sich in dem Widerwillen aus, mit dem ein Vorgang wiederholt wird.

Natürlich sind nicht alle Pferde immer eifrig und leistungsbereit, sie können einen Befehl auch verweigern und sagen:

42. Ich kann nicht, wobei sie sich einfach weigern, den gerade gegebenen Befehl auszuführen. Die Unterbotschaft (1) *Ich will nicht* unterscheidet sich von «Ich kann nicht» nur dadurch, daß ich als Reiter genau weiß, daß das Pferd das Geforderte kann. Wenn Sie das Pferd zum Einlenken bewegen können, sagt es:

43. Mir bleibt wohl nichts anderes übrig, äußert seinen Widerwillen dagegen aber dadurch, daß es sich im Schneckentempo fortbewegt. Bevor es endgültig kapituliert, wird es aber vielleicht auch noch drohen:

44. Gleich bocke ich. Die Ohren sind seitwärts gestellt, der Rücken zieht sich zusammen, und Ansätze zum Bocken sind erkennbar. Ähnliche Botschaften sind «Gleich steige ich», wobei der Kopf hochgeworfen wird und das Pferd die Vorderbeine hebt, oder «Gleich schlage ich» oder «Gleich gehe ich durch».

45. Das kitzelt wird durch ein Zucken der Haut ausgedrückt, vielleicht auch durch Wedeln mit einem Hinterfuß, Aufstampfen oder Quietschen.

46. Kratz mich hier fordert das Pferd, indem es sich an der betreffenden Stelle scheuert. Wenn ein zweites Pferd dabei ist, kratzt das erste Pferd es mit den Zähnen an der Stelle, wo es selbst gekratzt werden möchte.

Und nun kommt die letzte Botschaft. Wenn ein Pferd auf die Koppel gebracht wird, sagt es:

47. *Frei sein ist herrlich.* Und Lebensfreude ist etwas, das jedes Pferd auf seine individuelle Weise zu erkennen gibt.

7 ASW und Weeping Roger

Bei unseren Studien wurde uns schon früh klar, daß Auftreten und Gehabe eines Pferdes, das eine Botschaft zu übermitteln versuchte, von allergrößter Wichtigkeit waren, wenn man die Botschaft richtig verstehen wollte. Wir stellten aber bald fest, daß die Botschaften uns darüber hinaus noch durch etwas anderes vermittelt wurden. Der Schlüssel zur Bedeutung lag nicht nur im Auftreten und Gehabe. Zu Zeiten war uns die Bedeutung einer Botschaft ganz instinktiv klar. Und sogar wenn wir das Pferd gar nicht hören oder sehen konnten, fühlten wir seine Unruhe, wenn es irgendwie Schwierigkeiten gab, und wußten, daß etwas nicht in Ordnung war. Es passierte immer wieder, daß wir hinausgingen um nachzusehen, und daß wirklich etwas nicht in Ordnung war.

Der Zufall wollte es, daß das erste Mal, als das während unserer Forschungsarbeit geschah, nicht ein Pferd, sondern eine Kuh die Hauptrolle spielte. Normalerweise schlafe ich wie ein Stein und höre nicht das geringste, aber in dieser Nacht wachte ich mit dem ausgeprägten Gefühl auf, daß etwas nicht stimmte. Ich ging zu den Tieren hinaus. Die Kuh kalbte, aber da es eine Steißgeburt war, hatte sie Schwierigkeiten. Als ich später darüber nachdachte, kam es mir so vor, als ob mich das Gefühl, daß etwas nicht in Ordnung war, aufgeweckt hätte. Mein Unterbewußtsein hatte mich zu der Kuh geführt. Das brachte meine Gedanken in eine neue Richtung, und Schritt für Schritt kam ich zu dem etwas beunruhigenden Schluß, daß ich die Stimmung der Pferde eher fühlen als hören oder sehen konnte. Diese Fähigkeit nennt man außersinnliche Wahrnehmung (abgekürzt: ASW), es ist ein Wahrnehmungsvermögen, das über den Bereich unserer normalen fünf Sinne hinausgeht. Und wir merkten, daß die Tiere mittels dieser Fähigkeit Stimmungen, Emotionen und bestimmte begrenzte Ideen übertragen können. Man *weiß,* in welcher Stimmung das Pferd ist und fühlt es in sich selbst. Man fühlt, wenn ein Pferd aufgeregt ist, und das Pferd fühlt, wenn man niedergeschlagen ist, und das ist eher eine Sache des Instinkts als der Wahrnehmung durch Augen, Ohren oder Tastsinn.

Über diesen Teil unserer Arbeit gehen die Meinungen weit auseinander. Ich bin gewarnt worden, daß es unsere Arbeit über Tierkommunikation überhaupt entwerten könnte, wenn wir uns auf ein so umstrittenes Thema einlassen. Man hat mir oft gesagt, daß unsere Arbeit über Zeichen und Laute zwar allem anderen, was sonst auf diesem Gebiet getan wurde, weit voraus ist, daß uns unsere Beschäftigung mit außersinnlicher Wahrnehmung bei Tieren jedoch verdächtig macht – uns sogar mit Scharlatanen und Varietékünstlern auf eine Stufe stellt! Seit fünfzig Jahren streitet sich die Wissenschaft darüber, ob es außersinnliche Wahrnehmung (ASW) gibt oder nicht. Wer sind wir, daß wir uns auf ein Gebiet wagen, das zu betreten selbst Gelehrte sich scheuen? Daß wir nicht nur behaupten, seine Existenz bewiesen zu haben, sondern darüber hinaus seine Existenz bei Tieren als Bestandteil ihrer Kommunikation?

Ich stehe jedoch zu meiner Ansicht. Daß einige Wissenschaftler skeptisch sind, entwertet noch nicht zwangsläufig meine Schlußfolgerungen. Auch die Existenz der Elektrizität wurde seinerzeit sicher von einem Teil der wissenschaftlichen Welt geleugnet. Jedes neue Forschungsgebiet wurde von konservativen Wissenschaftlern zunächst mit Argwohn betrachtet. Unsere eigenen Erfahrungen haben uns restlos davon überzeugt, daß es ASW gibt, und wir haben das auch durch Versuche bewiesen, deren Ergebnisse uns schlüssig scheinen.

Wir wissen, daß es ohne ASW keine vollständige Verständigung mit Pferden gibt. Wir wissen, daß Pferde davon Gebrauch machen, wenn sie sich untereinander verständigen. Deshalb müssen wir auf diesem Gebiet weiterforschen, und ich käme mir unehrlich vor, wenn ich es in dem Bericht über meine Arbeit nicht erwähnen würde. Der Versuch, die Pferdesprache zu erforschen, ohne außersinnliche Wahrnehmung und Telepathie in Betracht zu ziehen, käme dem Versuch gleich, nur die Substantive und Verben einer Sprache zu lernen und so zu tun, als ob es Adverbien und Adjektive nicht gäbe. Unsere Arbeit ist die Primär-, nicht die Sekundärforschung, und deshalb müssen wir uns mit der Pferdesprache als Ganzem beschäftigen, nicht nur mit Teilen. Spätere Forschungen mögen sich z. B. ausführlicher mit dem Gebrauch von Zeichen und Lauten oder ausschließlich mit ASW befassen, aber ihnen liegt dann die Arbeit, die wir und andere zuvor auf diesem Gebiet der Kommunikation geleistet haben, als Ganzes zugrunde und gibt den Teilgebieten einen Zusammenhang.

Auch diejenigen, die den Gedanken der außersinnlichen Wahrnehmung nicht von vornherein ablehnten, führten als Argument ins Feld, daß es sich zumindest teilweise um unbewußte Wahrnehmung handeln könne. Sie sagten: Bei der bewußten Wahrnehmung siehst, hörst und verstehst du bewußt die Zeichen und Laute, die das Pferd von sich gibt. Bis zu einem gewissen Grad besteht jedoch auch eine unbewußte Wahrnehmung; ohne dir dessen bewußt zu sein, siehst und hörst du gewisse Dinge, die dir helfen, die Botschaft zu verstehen, die das Pferd zu übermitteln versucht. Wir werden mit anderen Worten beschuldigt, außersinnliche Wahrnehmung bis zu einem gewissen Grad mit unbewußter Wahrnehmung zu verwechseln. Wir waren uns jedoch stets bewußt, daß dies sehr oft der Fall ist, denn wenn man mit einem Pferd umgeht, beobachtet man es unbewußt und ahnt voraus, was es tun wird, und dieses Verständnis schreibt man dann gern seinem «Instinkt» zu. Genauso spürt auch eine Pferdeherde sicherlich unbewußt, was ein Mensch denkt, einfach aus seinem Gesichtsausdruck, seinen Bewegungen und seiner Haltung. Das ist alles unbewußte Wahrnehmung, und wir wissen das auch; da es jedoch nicht bewußt wahrgenommen wird, haben wir es – zu Recht oder zu Unrecht – zur außersinnlichen Wahrnehmung gerechnet, weil es uns sehr schwerfällt, eine genaue Trennungslinie zwischen unbewußter und wirklich außersinnlicher Wahrnehmung zu ziehen.

Natürlich ist das noch ein weites Feld für weitere Forschungsarbeiten, und vielleicht stellen wir später einmal fest, daß wir vieles irrtümlich für ASW gehalten haben, was in Wirklichkeit unbewußte Wahrnehmung war. Es ist im Augenblick nicht unsere Aufgabe festzustellen, ob es sich bei unbewußter Wahrnehmung um eine fünfte Möglichkeit der Kommunikation handelt oder nicht. Wir werden uns aber noch damit beschäftigen. Wir haben mit unserer Arbeit begonnen, wie man einem Pfad folgt, um zu sehen, wo er hinführt. Jedenfalls waren unsere Experimente auf dem Gebiet der ASW immer so angelegt, daß sie sich jederzeit von anderen Leuten an anderen Orten wiederholen und so verifizieren lassen. Jeder, der sich mit der Kommunikation bei Pferden beschäftigen will, kann so auf einige Standardexperimente zurückgreifen, bevor er sich eigene Experimente ausdenkt. Wir hoffen, daß es möglichst oft dazu kommt, und daß auch auf dem Gebiet der außersinnlichen Wahrnehmung systematische Experimente durchgeführt werden, sobald genügend Arbeiten über Zeichen und Laute vorliegen.

Ein paar unserer Experimente zielten speziell auf ASW. Eines davon war ein Fütterungsexperiment, das mit zwei Pferden durchgeführt wurde, die weder visuell noch akustisch Kontakt miteinander hatten. Wir können allerdings nicht absolut sicher sein, ob es dem Gehör der Pferde nicht vielleicht möglich ist, weit entfernte Geräusche unbewußt aufzunehmen, und noch weniger sicher sind wir, daß ein Teil der Kommunikation bei Pferden nicht überhaupt in der unbewußten Wahrnehmung von Tönen besteht, die normalerweise als unhörbar gelten. Aus anderen wissenschaftlichen Arbeiten scheint hervorzugehen, daß das Gehör der Pferde unserem sehr ähnlich ist und das Pferd Töne im Ultraschallbereich nicht hören kann, d. h. frühere wissenschaftliche Experimente mit Pferden haben keine Reaktion auf Ultraschalltöne ergeben. Andererseits ist es durchaus möglich, daß es gewisse Töne gibt, die wir nicht hören können, die das Pferd jedoch unbewußt aufnimmt, obwohl wir uns das nicht vorstellen können. Es ist allerdings auch nicht ohne Bedeutung, daß wir nur bei Experimenten mit «verwandten Seelen» schlüssige Ergebnisse erzielten.

Es handelt sich darum, daß nicht jedes Pferd mit jedem anderen Pferd in Gedankenverbindung treten kann, genauso wenig wie ein Mensch mit einem beliebigen anderen. Nur wenn man jemand sehr nahe ist, kann man fühlen, was in ihm vorgeht, auch ohne mit ihm zu sprechen oder ihn auch nur zu sehen. Wenn zwei Pferde seelisch und gefühlsmäßig auf der gleichen Wellenlänge liegen, dann können sie auch fühlen, was das andere denkt und tut.

Es ist nun durchaus üblich, daß jemand, der mit einem sehr ängstlichen oder nervösen Pferd zu tun hat, ein zweites, ruhiges und selbstsicheres einsetzt, um dem ängstlichen Vertrauen einzuflößen und es zu entkrampfen. Wir bekommen sehr oft miteinander sieben bis acht drei- und vierjährige Cobs, Pferde und Ponys, die völlig roh sind und noch nie direkt mit Menschen zu tun hatten. Um sie ruhig zu machen, wenden wir eine von zwei Möglichkeiten an. Die erste besteht darin, sich dem friedlichsten Cob möglichst ruhig zu nähern und ihn zu beruhigen, so daß auch die anderen Pferde in Übereinstimmung mit dem Tier, mit dem wir uns beschäftigen, sich langsam beruhigen. Meist wenden wir jedoch die zweite Methode an. Wir sperren die wilden Ponys mit einem oder zwei unserer eigenen Pferde zusammen in den Stall. Eine halbe Stunde lassen wir ihnen Zeit, sich aneinander zu gewöhnen, dann gehen wir zu ihnen hinein. Sie wirbeln wild durcheinander und versuchen, uns auszuweichen, unser eigenes Pferd aber kommt zu uns und unterhält sich mit uns, und wir geben ihm ein paar Leckerbissen. Wir können dann richtig spüren, wie sich die anderen allmählich entspannen. Unser Pferd gibt ihnen Vertrauen zu uns und Vertrauen zu sich selbst.

Es ist nun offensichtlich, daß sich die rohen Pferde zum großen Teil deshalb beruhigen, weil sie das Beispiel des anderen Pferdes vor Augen haben. Wir haben jedoch festgestellt, daß es auch bei Pferden wirkt, die sich weder hören noch sehen können, *falls es sich bei den beiden Pferden um «verwandte Seelen» handelt,* d. h. wenn sie seelisch aufeinander eingestellt sind. Wir können ein Pferd ruhig machen, indem wir das andere beruhigen, und wir können eines aufregen, indem wir seinen Gefährten in Aufregung versetzen.

Das ist eines unserer Standardexperimente. Es beruht allerdings auf einem Trick, der so alt ist wie der Kontakt des Menschen zum Pferd überhaupt. In einem der ältesten Bücher über das Einfahren von Wagenpferden steht bereits, daß man immer ein junges und ein altes Pferd zusammenspannen soll, weil dann das alte dem jungen beibringt, was es zu tun hat. Diese Methode wird seit ungezählten Jahren angewendet. Wenn die südamerikanischen Gauchos eine Herde unter Kontrolle bringen wollen, lassen sie eine alte Stute mitlaufen und hängen ihr eine Glocke um den Hals. Die anderen Pferde folgen der alten Stute, und sie sorgt dafür, daß sie sich ruhig und stetig weiterbewegen. Die Glocke ermöglicht es den Gauchos, die Herde zu finden, und die alte Stute ermöglicht es ihnen, die jungen Pferde in einen Korral zu treiben.

Wenn ich an meine ersten Eindrücke davon zurückdenke, wie bei uns junge Pferde eingeritten wurden, sehe ich immer unser Pony Black Beauty als «Fräulein Lehrerin» dabeistehen und den anderen beibringen, was sie tun sollten. Mein Vater sagte immer, Black Beauty müsse dabei sein, um den andern zu sagen, was sie tun sollten, und bei uns erfüllte dann Cork Beg fünfzehn Jahre lang denselben Zweck. Das ältere Pferd wirkt beruhigend auf das jüngere, und das jüngere versucht, den Senior nachzuahmen. Wenn man von einem jungen Pferd etwas Neues verlangt, ist seine erste, spontane Reaktion: Ich kann nicht. Dann sieht es, wie das andere Pferd der Aufforderung nachkommt, und das zeigt ihm zwar, daß die Sache nicht unmöglich ist, es muß das Pferd aber nicht unbedingt davon überzeugen, daß es selbst es auch tun kann. Es sagt daher vielleicht immer noch «Ich kann nicht». Wenn es aber spürt, daß es dem anderen Pferd Spaß macht, wird es sich ebenfalls auf diese Erfahrung freuen, und genau da setzt außersinnliche Wahrnehmung ein.

ASW ist zwischen Tieren kein bewußter geistiger Vorgang, sondern ein unbewußter Vorgang und bis zu einem gewissen Grad ein automatischer Reflex. Ein altes Jagdpferd, das von weitem Hörnerklang und Hundegebell vernimmt, gerät in Erregung, und zwar deshalb, weil es Hörnerklang und das Geläut der Meute mit eigener Erregung in Verbindung bringt. Aber wenn ein anderes Pferd bei ihm ist, das noch nie die Hunde gehört hat und nicht weiß, was der Klang eines Jagdhorns bedeutet, gerät dieses ebenfalls in Erregung, ohne zu wissen warum, nur weil das ältere Pferd sich aufregt. Die Erregung des alten Pferdes ist ein automatischer Reflex, und die Erregung des jungen Pferdes ist ebenfalls eine automatische Reaktion. Wenn man in einen Stall geht und ein Pferd erschreckt, zeigt auch sein gleichgestimmter Gefährte Zeichen der Furcht, selbst wenn er das andere Pferd weder sehen noch hören kann.

«Verwandte Seelen» nennen wir einfach zwei Pferde, die sich geistig und emotionell nahe – ein Herz und eine Seele – sind, und dieses Phänomen stellt sich auf zwei Arten ein. Es kann sein, daß sich zwei Pferde einfach vom Augenblick der ersten Begegnung an im Einklang miteinander befinden. Normalerweise handelt es sich dabei um Pferde der gleichen Rasse und des gleichen Typs. Der geistige Gleichklang kann sich aber auch durch ständige und nahe Gesellschaft einstellen. Anfangs verläuft ihr Denken nur ungefähr auf denselben Linien, aber auch durch die enge Verbundenheit kommt es zum vollständigen Einfühlungsvermögen. Wenn man zwei Vollblüter mit einer Herde Ponys auf die Weide schickt, werden sie in den meisten Fällen zusammen grasen, wahrscheinlich in einiger Entfernung von den Ponys, und mit der Zeit werden sie zu einem gleichgestimmten Paar. Auch eine Stute und ein Wallach, die lange Zeit, vielleicht über Jahre, zusammen auf der Koppel sind, denken und fühlen mit der Zeit wahrscheinlich als eine Einheit.

Wirklich gleichgestimmt sind zwei Pferde, wenn sie wortwörtlich als eine Einheit denken, eine vollkommene Verbindung darstellen. Am nächsten kommt ihnen noch die Analogie zweier Stimmgabeln. Schlägt man eine Stimmgabel an, beginnt sie zu klingen, und wenn man nun eine genau gleiche Stimmgabel danebenstellt, beginnt auch sie zu klingen, in genau demselben Ton. Wenn die beiden Stimmgabeln nicht genau gleich sind – d. h. wenn eine in d schwingt und die andere in e –, fällt die Reaktion weniger deutlich aus. Und je stärker sich der Grundton der zweiten Stimmgabel vom Ton der ersten unterscheidet, desto weniger wird die zweite Stimmgabel in Schwingungen geraten. So ist es auch bei ASW und Seelenverwandtschaft: Wird eines von zwei aufeinander eingestimmten Pferden einem Reiz ausgesetzt, reagiert auch das zweite, selbst wenn keinerlei physischer Kontakt besteht. Je weniger sympathisch sich die zwei Pferde sind – je weiter entfernt davon, verwandte Seelen zu sein – desto geringer wird die Reaktion. Zwei Pferde, die sich seelisch «nichts zu sagen» haben, werden schließlich überhaupt keine Reaktion mehr zeigen.

Die erste Erfahrung mit diesem Phänomen machte ich schon in sehr jungen Jahren. Außer Beauty hatten wir noch andere Ponys, darunter eines, das Bill the Baby hieß und schon sehr lange bei uns war. Wenn sich Bill nicht fangen lassen wollte, konnten wir auch Beauty nicht fangen, und unzählige Male habe ich Bill und Beauty auf der Weide in eine Ecke getrieben, um sie einfangen zu können. Sie standen ganz ruhig da und sahen mich an, während ich näherkam, aber wenn ich auf fünf bis zehn Meter herangekommen war, schoß plötzlich – ohne jedes erkennbare Zeichen – eines rechts und das andere links an mir vorbei. Es ist nie passiert, daß beide den gleichen Weg einschlugen. Immer starteten sie genau im gleichen Augenblick, so daß es mir einfach unmöglich war, sie zu erwischen, und ich brauchte zwanzig Jahre dazu, ihren Trick zu durchschauen. Stunden um Stunden versuchte ich dahinterzukommen, was sie sich für Zeichen gaben, um sie vorher einfangen zu können, aber es gelang mir nie. Bis zu einem gewissen Grad kann ich diese Zeichen heute erkennen, aber inzwischen weiß ich auch genug, um ein Pferd nie in die Ecke zu treiben, wenn ich es fangen will. Heute lasse ich es immer zu mir kommen.

Bis wir wissen, wie sich ein Pferd mit einem anderen mittels ASW verständigt und wie ein Mensch geistigen Kontakt zu einem Pferd oder einem anderen Menschen aufnimmt, bleibt noch viel zu erforschen. Auch darüber, warum ein Mensch diese Fähigkeit besitzt und ein anderer nicht, wissen wir wenig. In Rußland und Amerika wurde sehr viel über ASW bei Menschen gearbeitet, hauptsächlich jedoch auf dem Gebiet der Telepathie, die viel weniger häufig vorkommt. Mit ASW bei Tieren hat sich abgesehen von uns kaum jemand beschäftigt. Und wir haben nur die Oberfläche angekratzt, das muß ich immer wieder betonen. Unsere Studien bezogen sich nur auf die Kommunikation zwischen Pferd und Pferd oder Mensch und Pferd. Wir haben jedoch festgestellt, daß man sich bei der Erforschung jeglicher Tierkommunikation anfangs am besten auf ein Tier konzentriert, und daß es ein Tier sein muß, das speziell ausgesucht wurde, weil man sich von Natur aus seelisch mit ihm in Übereinstimmung befindet. Wenn man sich mit der Kommunikation zwischen zwei Pferden beschäftigen will, ist es ebenso wichtig, mit zwei Pferden von gleichem Typ und gleicher Rasse zu arbeiten, die sich von Natur aus seelisch in Übereinstimmung miteinander befinden.

Manchmal findet man zwei Pferde mit einer naturgegebenen Seelenverwandtschaft auf einer Auktion: Wenn man zwei Pferde sieht, die aus verschiedenen Ställen kommen, aber sofort freundlich zueinander sind und anfangen zu bullern und sich miteinander zu unterhalten, kann man sicher sein, daß zwischen den beiden eine seelische Übereinstimmung besteht. Wenn man an einer Reihe von Auktionspferden vorbeigeht, fällt einem normalerweise auf, daß die meisten Pferde für sich allein stehen, in seelischer und körperlicher Isolation von den Nachbarpferden. Ab und zu sieht man aber auch zwei Pferde, meist von ähnlichem Typ und ähnlicher Rasse, die nett zueinander sind und sich zu unterhalten scheinen. Mit großer Wahrscheinlichkeit handelt es sich bei den beiden um von Natur aus verwandte Seelen.

Wenn sich in Freiheit ein fremdes Pferd einer Herde nähert, ist die natürliche Reaktion der Herde die Abwehr. Selbst ein domestiziertes Pferd wird anfangs nach einem fremden Pferd schnappen und ihm klarmachen, daß es verschwinden soll. Genau genommen sagt es: «Hier sind wir zu Hause, mach daß du wegkommst, dies ist unser Revier.» Das ist die natürliche und automatische Reaktion eines Pferdes, genau wie bei den Menschen, die von Natur aus Annäherungsversuchen von Fremden ebenfalls ablehnend gegenüberstehen. Zum Beweis dafür braucht man sich nur einmal die Leute in einem Eisenbahnabteil anzusehen. Jeder sitzt in defensiver Isolation in seiner Ecke. Von Natur aus verwandte Seelen jedoch lassen ihre Reserviertheit sofort fallen.

Erst wenn Sie ein Pferd zur Verfügung haben, von dem Sie glauben, daß Sie sich in seelischer Übereinstimmung mit ihm befinden, und wenn Sie dann ein zweites Pferd gefunden haben, das sich in seelischer Übereinstimmung mit dem ersten befindet, können Sie mit Ihrer Forschungsarbeit beginnen. Zu Beginn versuchen Sie, sich darauf zu konzentrieren, einen seelischen Kontakt zu Ihrem Forschungsobjekt herzustellen und dabei zu beobachten, wie es sich seinem Gefährten gegenüber verhält.

Das erste Pferd, mit dem ich mich solcherart in Übereinstimmung wußte, war Weeping Roger. Die außergewöhnlichen Umstände, unter denen ich ihn in Exeter kennenlernte, habe ich schon beschrieben. Ich wollte mich nur ein wenig umsehen und unterhielt mich gerade mit einem Freund, als mich von hinten geradezu eine Welle der Betrübnis zu überfluten schien, als ob etwas oder jemand schrie: «Bring mich um Gottes Willen hier heraus». Ich drehte mich um, und da stand das Pferd, das als nächstes versteigert werden sollte, ein schmutzigbrauner, schlappohriger, halbverhungerter Vollblüter von etwa 1,65 Meter Stock. Ich brauchte ihn nur noch zu kaufen. Zum Glück wollte sonst niemand einen schlappohrigen, halbverhungerten Vollblüter von 1,65 Meter, und so kriegte ich ihn für vierzig Pfund.

Ich erfuhr, daß er den ganzen Winter (wir hatten Ende Februar) im Exmoor im Freien verbracht hatte, nahm ihn nach Hause, stellte ihn in den Stall und begann ihn mit Futter vollzustopfen. Nach drei, vier Tagen nahm ich ihn auf eine Jagd hinter Hunden mit, und es machte ihm einen Riesenspaß. Bevor die Saison zu Ende war, ritt ich ihn noch auf einem Dutzend Jagden. Dann ging genau zehn Tage vor dem Point-to-Point in Cotley das Pferd ein, das ich im Jagdrennen reiten wollte, und so nannte ich Roger dafür.

Am Tag des Rennens schämte ich mich seiner Kondition und seines Aussehens derartig, daß ich ihn bis zur letzten Minute im Transporter ließ, dann geradewegs zum Abreiteplatz, einmal herum und zum Start ritt. Es war eine alte Gewohnheit von mir, mit meinem Freund Pat Frost in diesem Rennen um eine halbe Krone zu wetten, wer von uns beiden besser abschneiden würde. Dieses Mal hatte ich aber so wenig Vertrauen zu meinem Pferd, daß ich die Bedingung stellte, dem Verlierer stände nach dem Rennen ein doppelter Scotch zu. Ich kam mir sehr gerissen vor. Soweit ich mich erinnern kann, nahmen zwölf bis fünfzehn Pferde an dem Rennen teil, und der Start war schwer verzettelt. Aber wir kamen ab, und ich installierte Roger am Ende des Feldes.

Die Bahn in Cotley führt etwa 800 Meter aufwärts, dann abwärts in Richtung Ziel, dann wieder aufwärts. Als wir zum erstenmal auf den Hügel kamen, lag ich zwei Längen hinter dem letzten Pferd, aber Roger ging sehr gut und nahm die Hindernisse mit großer Begeisterung. Als es wieder abwärts ging, stellte ich zu meiner Überraschung fest, daß ich den Kontakt zum Pulk durchaus noch nicht verloren hatte. Hinunter und am Ziel vorbei, wieder hinauf – und dann fiel das Pferd vor mir hinter mich zurück, und ich dachte: «Na fein, Letzter werde ich jedenfalls nicht.» Dann überholten wir noch ein Pferd, noch eines und noch eines. Als wir wieder auf dem Hügel anlangten, waren nur noch zwei Pferde vor mir, und ich dachte, langsam könnte ich etwas mehr zupacken, denn Roger hatte kaum ein nasses Haar. Also machte ich ihm Dampf und nahm die Verfolgung der zwei Reiter auf, die einen halben Sprung vor mir lagen. Langsam und unerbittlich holte ich auf. Am drittletzten Sprung stürzte das an zweiter Stelle liegende Pferd, und als wir den Zielpfosten passierten, war ich bis auf drei Längen an das führende Pferd herangekommen. Ich konnte es einfach nicht glauben, daß dieses Gerippe von einem Pferd ein paar der besten Pferde von ganz Westengland geschlagen hatte. Roger tanzte buchstäblich am Zielpfosten vorbei, als ob er das Grand National gewonnen hätte, Kopf und Schweif hoch erhoben und nie mehr als einen Fuß auf der Erde. Ich brauchte fünf Minuten, um ihn abzusatteln, weil er sich vor Stolz und Aufregung nicht zu lassen wußte.

Danach brachte ich ihn ernsthaft in Rennkondition, denn ich hatte den Verdacht, daß ich da ein wirklich gutes Pferd im Stall hatte. Jeden Morgen gleich nach dem Frühstück trainierte ich mit ihm, und da es sehr kalt war und ich nie Handschuhe dabei hatte, steckte ich gewöhnlich meine Hände in die Jackentaschen, und da blieben sie, bis ich wieder zu Hause war. Ich dirigierte und beherrschte ihn ausschließlich durch ASW. Schritt, Trab, Wendung nach links, Wendung nach rechts – alles erreichte ich einzig und allein durch geistige Konzentration.

Roger hatte noch eine zweite sehr nützliche Funktion. Er war ein hervorragendes Kindermädchen. Meine Tochter Paddy, damals etwa achtzehn Monate alt, liebte Pferde über alles, und wenn man sie friedlich und glücklich machen wollte, brauchte man sie nur in Rogers Box ins Stroh zu setzen und sie unter der Krippe und zwischen seinen Beinen spielen zu lassen. Sie lernte laufen, indem sie sich an seinem Schweif hochzog und von einem Bein zum anderen stolperte. Wenn sie hinfiel und sich weh tat, blies Roger sie an, und sie rollte sich auf den Rücken und war wieder ganz zufrieden.

Er bekam aber einfach kein Fleisch auf die Rippen, und wir schämten uns immer, ihn bei einem Rennen zu starten, weil er auf dem Abreiteplatz gar so kümmerlich ausschaute. Unser einziger Trost war, daß er um so besser lief, je schrecklicher er vorher aussah. Wenn er herumstolperte und den Eindruck erweckte, als würde er es kaum bis zum Start schaffen, wußten wir, daß er an diesem Tag wirklich gut gehen würde und wir ruhig unser Geld auf ihn setzen konnten. Ich gewann zwei, drei Rennen mit ihm, und ich habe ihn immer sehr gern geritten, weil er so fantastisch springen konnte und so begeistert mitmachte.

Kurz nach dem Point-to-Point in Cotley wollte ihn mir ein Freund für 300 Pfund abkaufen. Ich wollte ihn nicht verkaufen, aber ich ließ ihn vom Tierarzt untersuchen, um ihn versichern zu lassen. Bill Martin, der Tierarzt, untersuchte seine Beine im Stall und ließ ihn dann hinausbringen, um im Stand das Herz abzuhören. Er horchte zwei Sekunden lang und sagte: «Bringt das gräßliche Gestell um Gottes willen schnell wieder in den Stall, bevor es tot umfällt.» Dann horchte ich selbst, und Roger hatte tatsächlich den unregelmäßigsten Herzschlag, den ich je gehört habe. Es klang wie ein Tanzlehrer beim Unterricht: Lang, lang, kurz, kurz, lang – nur weniger regelmäßig. Es schlug ganz, ganz schnell und dann wieder ganz, ganz langsam. Daß er überhaupt laufen konnte, von rennen ganz abgesehen, war mir unverständlich. Aber da Bill sagte, er könne genausogut auf der Koppel tot umfallen wie beim Rennen, und da der alte Herr Rennen so liebte, beschlossen wir, ihn weiter auf der Rennbahn laufen zu lassen. Als wir von Devon nach Wales umzogen, verkauften wir ihn für eine symbolische Summe an einen Bekannten, der für seinen Sohn ein Pferd suchte, das ihn über seine ersten Point-to-Point-Rennen tragen sollte. Sein letztes Rennen bestritt er acht Jahre später, als Siebzehnjähriger. Wieder war es das Point-to-Point in Cotley, und wieder kam er als Zweiter ins Ziel.

Ich war immer eins mit diesem Pferd. Einmal weckte er mich um drei Uhr morgens. Ich wußte einfach, daß etwas nicht stimmte, und als ich hinausging und nach ihm sah, hatte er eine schwere Kolik. Nachdem ich gemerkt hatte, daß ich mich ihm verständlich machen konnte, versuchte ich dasselbe auch bei anderen Pferden. Ich konzentrierte meine ganze Aufmerksamkeit auf das Pferd, das ich erreichen wollte, legte sozusagen eine besondere Leitung zwischen mir und dem Pferd, und nachdem ich das nun fünfzehn Jahre lang geübt habe, kann ich sagen, daß ich fast jedes Pferd mit Ausnahme kleiner Ponys erreichen kann.

Diese Erfahrung habe nicht nur ich allein gemacht. Wie wir schon gesehen haben, reicht die Bindung zwischen Mensch und Pferd zurück bis in die graue Vorzeit, und die Geschichten über diese Bindung sind älter als das geschriebene Wort. Die Geschichte, die mir am besten gefällt, weil sie für mich die Essenz aller Legenden über die Treue des Pferdes ist, handelt von einem französischen Soldaten. Er wurde in einer Schlacht Napoleons gegen die Österreicher verwundet und lag auf dem Schlachtfeld, als plötzlich sein Pferd, das er einer Lahmheit wegen an diesem Tag nicht geritten hatte, neben ihm auftauchte. Es hatte sich losgemacht und war von den anderen Pferden fortgelaufen. Der Soldat zog sich hoch auf seinen Rücken, und das Pferd brachte ihn ohne Halfter oder Zaum zu seiner Einheit zurück. Seine Kameraden zogen ihn bewußtlos vom bloßen Pferderücken.

8 Die sanfte Methode («Gentling»)

Es kommt mir schier unglaublich vor, daß sich außer mir niemand mit der Kommunikation bei Pferden – gleich welcher Art – beschäftigt hat und kaum einer mit dem zentralen Problem, wie man Pferde am besten dazu bringt, sich dem Menschen unterzuordnen, d. h. mit der Frage, welches die beste Form der Kommunikation zwischen Mensch und Pferd ist. Unser Wissen um die Verständigungsmöglichkeiten ist selbst bei unseren eigenen Pferden mehr als kümmerlich: wir wissen, daß das Tier davonläuft, wenn man es schlägt; wenn man im Maul zieht, hält es früher oder später an; wenn man seinen Kopf nach links zieht, geht es wahrscheinlich nach links, und wenn man ihn nach rechts zieht, wahrscheinlich nach rechts. Die moderne Reiterei ist eine Fortentwicklung dieser vier Tatsachen plus der Verfeinerung, daß man einem Pferd auch beibringen kann, auf ein mit der Stimme gegebenes Kommando zu reagieren, wenn man das Kommando lange genug wiederholt. Das ist im wesentlichen das Verfahren, das wir unter «Einreiten» oder «Einfahren» verstehen. Daß man früher vom «Einbrechen» junger Pferde sprach, faßt die ganze Haltung des Menschen gegenüber dem Pferd in einem Wort zusammen.

Das Einbrechen eines Pferdes beruht auf drei Prinzipien:

a) Reagiert ein Pferd falsch auf eine Hilfe, ist es zu bestrafen;

b) Reagiert es auf eine Hilfe richtig, ist es zu belohnen;

c) Es hat auf jeden Fall zu tun, was von ihm verlangt wird, nötigenfalls muß man es mit Gewalt dazu zwingen.

Die für diese Art der Ausbildung notwendige Zeit wird nur für verhältnismäßig wenige Pferde aufgewendet; geschrieben wurde über diese zwangsläufig auf wenige und wertvolle Pferde beschränkte Methode ausführlich in vielen Büchern. Aber die große Masse der Pferde wird auch heute noch unter billigerer und roherer Anwendung der gleichen Prinzipien abgerichtet – ein furchtloser und verwegener Reiter hält sich im Sattel des bockenden Pferdes, solange er kann, und das Pferd wird solange zum Gehorsam gezwungen, bis es mittels diverser Belohnungen und Bestrafungen zum Reit- oder Wagenpferd ausgebildet ist. Dieses System entbehrt in meinen Augen jeder Logik, weil doch die allgemein akzeptierte Meinung dahingehend lautet, daß das Pferd weniger intelligent ist als der Mensch (obwohl mir zugegebenermaßen manchmal Zweifel daran kommen). Für mich wäre es viel einleuchtender, wenn der Mensch die Form der Verständigung lernte, die das Pferd am besten versteht, was sicher schneller und besser funktionieren würde, als wenn er versucht, dem weniger intelligenten

Wesen die Form der Kommunikation beizubringen, die er selbst am besten versteht.

Unsere eigene Erfahrung hat uns gelehrt, daß es die Ausbildung eines Pferdes unendlich erleichtert und man wirklich überraschende Ergebnisse erzielen kann, wenn man sich der unter Pferden gebräuchlichen Kommunikationsmittel bedient. Die letzten dreißig Jahre habe ich mich – erst mit meinem Vater und später mit meiner Frau und meiner Tochter zusammen – mit Pferden beschäftigt, die andere Leute als wild und nicht zu reiten aufgegeben hatten. Ich habe sie korrigiert. Viele von ihnen wären sonst zu Katzenfutter verarbeitet worden oder hätten ihr Leben in Schlachthäusern auf dem Kontinent beendet. Es waren zwei verschiedene Typen von Pferden. Die einen waren überdurchschnittlich intelligente Pferde, die durch schlechte Behandlung verängstigt und wild geworden waren. Früher gehörte der größte Teil der Pferde, die zu uns kamen, zu dieser Gruppe. Heute gehören die meisten Pferde in die zweite Gruppe – starke Pferde, die durch zu weiche Behandlung verdorben wurden, oft von Frauen, für die die Pferde zu willensstark und zu kräftig waren. Um sie zu korrigieren, brauchten wir nichts als Geduld und Verständnis.

Für einen Hengst, den wir vor nicht allzulanger Zeit im Stall hatten, mußten wir all unsere Geduldsreserven mobilisieren. Er ließ sich weder Halfter noch Zaumzeug anlegen, sondern stieg kerzengerade, sobald man das auch nur versuchte. Wir hatten es mit zwei Problemen zu tun. Als erstes mußte das Steigen korrigiert werden. Und zweitens mußte der Ursprung seines Problems erkannt und beseitigt werden. Irgendwann einmal mußte ihm jemand weh getan haben, der seine Hände hinter die Pferdeohren gelegt hatte, denn das war es, was er unter keinen Umständen dulden wollte. Man konnte ihm manchmal das Gebiß ins Maul schieben, aber man bekam das Zaumzeug nie über seinen Kopf. Wir hätten einfach ein Lederzaumzeug nehmen und es ihm vom Hals her anlegen können, aber damit wäre das Problem nicht aus der Welt geschafft worden. Ich nahm ihn also einfach in eine Box und ließ meine Hand von seiner

Schulter den Hals entlang nach oben wandern. Als ich in die Nähe des Kopfes kam, ging er hoch. Sobald er wieder mit allen vier Füßen auf dem Boden stand, legte ich meine Hand auf seine Schulter und ließ sie wieder den Hals entlang gleiten, und wieder ging er hoch. Nach etwa fünfundvierzig Minuten konnte ich ihm mit der Hand bis zum Kopf streichen; kurz vor den Ohren hörte ich auf. Dann begann ich, ihm über den Mähnenkamm zu streichen, bis ich hinter den Ohren war – und wieder stand er auf den Hinterbeinen. Ich blieb hartnäckig, und nach weiteren zwanzig Minuten konnte ich ihm mit der Hand über den Hals, über die Ohren und von da über die Nase streichen. Als ich so weit war, ließ ich meine Hand von der Nase aufwärts wandern, kam zu den Augen, näherte mich den Ohren – und da stand er schon wieder auf den Hinterbeinen. Aber nach noch einmal fünf oder zehn Minuten konnte ich ihm wirklich mit der Hand über die Nase, die Ohren und wieder den Hals hinunterfahren.

Dann kam die nächste Stufe. Ich nahm ein Strickhalfter, legte es ihm über die Nase und strich ihm mit der Hand über Nase und Ohren, als ob ich ihm das Halfter anlegen wollte. Er stieg wieder, also nahm ich das Halfter wieder ab und versuchte, es erneut anzulegen. Sobald er die Nase im Halfter hatte, ließ ich wieder meine Hand über seine Nase und Ohren wandern. Nach weiteren fünf Minuten konnte ich ihm das Halfter anlegen und es wieder herunternehmen. Wenn er stieg, nahm ich das kaum zur Kenntnis. Ich sprach die ganze Zeit weiter in einem beruhigenden Singsang auf ihn ein, und nach sehr kurzer Zeit begann er sich zu beruhigen. Er hatte keine Angst mehr, wenn ich meine Hand über seine Ohren gleiten ließ, aber gleichzeitig war es eine Art Ehrensache, daß er mir die Sache nicht zu leicht machte. Schließlich hatte das noch nie jemand mit ihm machen dürfen. Als ich endlich das Halfter ohne jede Mühe anlegen und wieder herunternehmen konnte, was noch einmal zwanzig Minuten dauerte, holte ich eine Trense, schob ihm mit einiger Mühe das Gebiß ins Maul, nahm es wieder heraus, schob es wieder hinein, heraus, hinein, heraus, hinein, bis ich ihm das

Gebiß ins Maul schieben konnte, wann immer es mir beliebte. Dann schob ich die Zügel an seinem Kopf entlang und über die Ohren. Schon stand er wieder senkrecht, also runter mit den Zügeln und wieder rauf mit den Zügeln. Dann schob ich ihm wieder das Gebiß ins Maul, legte ihm die Zügel über den Hals und begann, das Zaumzeug über seine Ohren zu streifen. Er machte wieder Männchen, also runter mit den Zügeln, raus mit dem Gebiß, dann wieder rauf mit den Zügeln, rein mit dem Gebiß und rauf mit dem Zaumzeug. Das machte ich etwa zehn Minuten lang, bis ich ihn nach Belieben auf- und abtrensen konnte. Insgesamt hatte ich dazu etwa vier Stunden gebraucht. Ich gab ihm Wasser und Futter und ging ebenfalls etwas essen. Wie immer, wenn ich mit einem schwierigen Pferd arbeite, aß ich nur etwas Leichtes, dann ging ich wieder in den Stall und fing von vorn an. Nach noch einmal einer Stunde konnte ich ihn wieder nach Belieben auf- und abtrensen. Dabei beließ ich es für diesmal.

Am nächsten Tag holte ich ihn wieder herein und ließ die ganze Prozedur noch einmal ablaufen. Das dauerte morgens ein-einhalb Stunden, nachmittags eine halbe Stunde und am Abend zehn Minuten. Innerhalb einer Woche konnte ich ihn auftrensen, ohne daß er auch nur einmal mit einem Ohr zuckte, und das, wann immer ich wollte. Der Trick hieß Geduld und natürlich ein elementares Verständnis des Problems. Außerdem mußte ich stets von meinem Erfolg überzeugt sein und durfte mich weder einschüchtern lassen noch die Geduld verlieren. Ich blieb gleichmäßig ruhig, so daß ich zwar seine Dickköpfigkeit zu besiegen hatte, nicht aber auch noch Angst und Schrecken.

Man darf natürlich nie vergessen, daß ein sehr starkes, kräftiges oder sehr intelligentes Pferd nie das geeignete Pendant für einen unerfahrenen Anfänger ist, falls es nicht seelisch zerbrochen wurde. Da es unendlich viele Pferde gibt, die weder groß und stark noch besonders intelligent sind, ist es für den unerfahrenen oder schwachen Reiter sicher besser, sich ein für seine Zwecke geeignetes Pferd zu suchen, statt zu versuchen, ein temperamentsmäßig völlig ungeeignetes Pferd selbst einzubrechen. Aus dem gleichen Grund sucht man, wenn man ein Pferd für Vielseitigkeitsprüfungen haben will, auch ein Pferd aus, das von Natur aus gern springt und gern ins Gelände geht, weil es unendlich viel einfacher zum Springen und ins Gelände zu bringen ist als eines, dem weder das eine noch das andere Freude macht. Ebenso sollte jemand, der kein Interesse am Geländereiten hat, ein ähnlich veranlagtes Pferd suchen und nicht eines, das auf und davon will, sobald es Gras unter den Hufen spürt.

Ein Beispiel dafür, wie wir unser Verständnis für Tiere bei der Korrektur von schwierigen Pferden einsetzen, ist das, was wir mit Jimmy erlebten. Jimmy ist erst vor kurzem zu uns gekommen, weil er seiner Besitzerin gegenüber die Oberhand gewonnen hat. Es gab einiges, was sie einfach nicht mit ihm machen konnte. Um Jimmy beizubringen, wer hier der Boss war, wendeten wir pure Tierkommunikation an. Wenn mehrere Pferde einen Weg entlanggehen, geht das Leitpferd immer an der Spitze. Wenn ein anderes Pferd überholen will, holt das Leitpferd mit dem Kopf aus und gibt dem Frechling einen Stoß mit den Zähnen, was soviel heißt wie «Geh zurück». Es sieht so aus, als würde es beißen, aber in neun von zehn Fällen ist es ein bloßer Hieb mit den Zähnen – ein Beißen wird erst daraus, wenn das andere Pferd weiterhin überholen will. Also nahm ich Jimmy am Halfter mit hinaus. Jedesmal wenn er an mir vorbei wollte, hielt ich ihm die Faust vor die Nase, als ob ich ihm einen Hieb versetzen wollte. Ich berührte ihn kein einziges Mal, aber ich drohte, ihm die Zähne einzuschlagen, falls er sich zu überholen traute.

Nach drei bis vier Tagen hatte Jimmy ganz klar begriffen, daß er mich nicht überholen durfte, auch wenn er noch so sehr wollte, und so ging er ruhig und gehorsam hinter mir. Auf diese Weise lernte ein sehr schwieriges und starkes Pferd, das vorher mit seiner Besitzerin gemacht hatte, was es wollte, daß ich der Boss war und nicht es. Jimmy hatte gelernt, die Befehle des Leittieres zu befolgen, und da ich die Kommunikationsmethode benutzt hatte, die er verstand, war er nie verängstigt oder eingeschüchtert.

Das Geheimnis, wie man ein Pferd dazu bringt, sein Letztes zu geben, besteht für meine Begriffe im wesentlichen in der Kommunikation. Für den Reiter ist es erforderlich, daß er dem Pferd seine Wünsche genau verständlich machen kann, und für das Pferd, daß es darauf reagiert. Deshalb ist es nur logisch, daß man diese Wünsche so mitteilt, wie sie für das Pferd am leichtesten zu verstehen sind, d. h. in der Form der Kommunikation, die das Pferd selbst auch benutzt. Deshalb ist auch ASW so interessant, weil dank dieser Methode das Pferd in der Lage ist, schon die Absichten des Reiters schnell und richtig zu verstehen, statt nur Befehlen zu gehorchen. Ein Pferd sollte z. B. mitmachen, wenn sein Besitzer erregt ist, und es sollte ruhig und entspannt sein, wenn der Besitzer ruhig und entspannt ist. Wenn das Pferd ein Resonanzboden für die Gefühle des Reiters ist, wird es auch im Wettkampf oder in einer Notsituation sofort reagieren, und zwar viel enthusiastischer und williger, als wenn es nur einen Befehl befolgt. Ein Feldwebel kann zwar elf seiner Untergebenen beibringen, auf Kommando Fußball zu spielen, aber nie im Leben würde diese Mannschaft eine andere schlagen, die aus Freude an der Sache zusammenspielt und in der jeder die Wünsche des anderen respektiert.

Genau in diesem Punkt scheint mir die moderne Ausbildung des Pferdes im argen zu liegen, denn sie ist auf die Dressurprüfung ausgerichtet, und dort wird es als Ungehorsam gewertet, wenn das Pferd den Wünschen des Reiters zuvorkommt. Wenn ein Pferd Höchstleistungen erbringen soll, muß es meiner Meinung nach versuchen, die Wünsche des Reiters vorauszuahnen, Wünsche zu erfüllen, bevor sie noch die Form eines Kommandos angenommen haben. Dazu muß der Reiter nur eins mit seinem Pferd sein, dann nimmt das Pferd seine Wünsche vorweg, weil es weiß, was der Reiter will, noch bevor dieser das Kommando gegeben hat.

Bei der modernen Art der Ausbildung besteht die Kunst jedoch gerade darin, dem Pferd das Befolgen von Kommandos beizubringen. Bis es die fundamentalen Kommandos beherrscht, dauert es bis zu sechs Monate, und die fortgeschrittene Ausbildung dauert zwei bis drei Jahre. Wir dagegen haben festgestellt, daß wir mit unserer sanften Methode nur Stunden brauchen, bis das Pferd auf unsere Wünsche eingeht. Man bringt ein Pferd ganz leicht dazu, daß es tut, was es soll, wenn man versucht, es dazu zu bringen, daß es das selbst tun *will*. Und der kürzeste Weg dazu führt über außersinnliche Wahrnehmung. Wie wir schon gesehen haben, hat der Mensch sich schon immer – seit er in grauer Vorzeit die Entdeckung machte, daß Eohippus auch noch zu anderen Dingen nütze war als dazu, einen leeren Bauch zu füllen – der außersinnlichen Wahrnehmung bedient, um seine Pferde zu reiten und zu beherrschen. Nur der Grad der Anwendung variierte bei den Methoden der einzelnen Reiter. Trotzdem hat bisher noch niemand über dieses Thema geschrieben, und niemand hat ASW bei Pferden zu erforschen versucht.

Bei uns war es so, daß wir uns schon seit mehr als zehn Jahren mit Studien auf diesem Gebiet befaßten, bevor ich wagte, es jemand anderem gegenüber zu erwähnen. Und dann war es purer Zufall. Meine Frau wollte ihre Familie in Irland besuchen, und da mein Auto wie üblich kaputt war, bat ich meinen Freund und Nachbarn Charles Thurlow Craig, sie zum Bahnhof zu fahren. Wir brachten sie zum Zug, und auf dem Heimweg kehrten wir noch auf ein Glas irgendwo ein. Es blieb nicht bei dem einen Glas, und nach dem vierten oder fünften erwähnte ich beiläufig, daß ich mit Pferden geistig in Verbindung treten und sie durch Gedankenübertragung lenken könne. Thurlow ist ein sehr umgänglicher Mensch, aber ich dachte, er würde mich auslachen und mir erklären, ich sei wohl so betrunken, daß ich nicht mehr wisse, was ich sage. Statt dessen sagte er: «Na und? Das kann ich auch», und es stellte sich heraus, daß er hauptsächlich zu Welsh Cobs in Gedankenverbindung treten konnte und zu anderen Pferden nicht, während ich den besten Draht zu Vollblütern und sonstigen edel gezogenen Pferden hatte. Eineinhalb Stunden später gingen wir beide heim.

Am nächsten Morgen litt ich unter zweierlei: erstens unter einem beträchtlichen Kater und zweitens unter der leicht verwischten Erinnerung, daß ich dumm genug gewesen war, Thurlow zu erzählen, ich könne mit Pferden geistig in Verbindung treten. Also ging ich zu ihm hinüber, und nachdem wir unseren Kater mit einem Gläschen bekämpft hatten, bekräftigte er noch einmal, daß er Gedankenverbindung mit Pferden aufnehmen könne und das auch schon sehr lang praktiziere, bis gestern abend aber nie ein Sterbenswörtchen darüber habe verlauten lassen. Da er sowieso ein recht unkonventioneller Mensch war, hatte er Angst davor, als rettungslos verrückt abgestempelt zu werden.

Danach sprach ich mit Thurlow viele Monate lang immer wieder über geistige Kommunikation mit Pferden, aber nie mit jemand anderem – bis zum Hubertusball in jenem Jahr. Hubertusbälle haben es in sich, jedenfalls war ich um Mitternacht nicht mehr so ganz nüchtern. Ich tanzte mit einer sehr klugen Bekannten, die sehr viel Pferdeverstand hat, und erwähnte ihr gegenüber diese Fähigkeit zur geistigen Kommunikation mit Pferden. Sie dachte darüber nach und sagte: «Wissen Sie, das kann ich mit Poodle (ihrem Pferd) auch.» Im Verlauf der nächsten zwei, drei Tänze kam sie zu dem Schluß, daß diese Fähigkeit bei drei Pferden, die sie unter vielen anderen in den vergangenen dreißig Jahren geritten hatte, bestanden habe.

Worauf es bei dieser Geschichte ankommt ist, daß die ersten zwei pferdeverständigen Menschen, denen gegenüber ich die Angelegenheit erwähnte, nach kurzem Überlegen feststellen, daß sie ebenfalls mit Pferden in geistige Verbindung treten konnten. Auf den ersten Blick war der Gedanke, daß es zwischen Mensch und Pferd geistige Kommunikationsmöglichkeiten geben könnte, jedoch derartig unerhört, daß mir erst der Alkohol die Zunge lockern mußte, bevor ich mich davon zu sprechen getraute, und das nach zehn Jahren Forschungsarbeit. Danach erzählte ich ein paar engen Freunden davon, dann einem immer größeren Kreis von Bekannten, und zu meiner Überraschung stellte ich fest, daß sie fast ausnahmslos ebenfalls in der Lage waren, eine Gedankenverbindung zu ihrem Pferd herzustellen – nicht zu allen ihren Pferden, aber doch zu einigen. Das geht schon mindestens zweitausend Jahre so, aber niemand hat je darüber geschrieben, und niemand hat Einzelheiten erforscht.

Außersinnliche Wahrnehmung bedeutet die Fähigkeit, mit anderen Mitteln als dem Gehör, den Augen, dem Geruchs- oder Geschmackssinn oder durch Berührung etwas wahrzunehmen. Genau genommen bedeutet es einfach, daß man Gefühle und Stimmungen eher fühlen als hören oder sehen kann – wir wissen, daß ASW hauptsächlich die Übermittlung von Gefühlen, Emotionen, Stimmungen und begrenzten Gedankengängen betrifft. Ein Pferd weiß instinktiv um die Stimmungen und Emotionen seiner Gefährten. Dabei spielt es keine Rolle, ob es sich um Menschen oder Tiere, um Tiere der gleichen oder Tiere einer anderen Art handelt. Natürlich helfen ihm bis zu einem gewissen Grad auch Augen und Ohren bei der Wahrnehmung, ob sie übellaunig oder ängstlich, ruhig oder aufgeregt sind. Wir wissen aber, daß es ihre Stimmung auch instinktiv erfühlen kann, denn wir wissen, daß es entsprechende Reaktionen zeigt, selbst wenn seine Gefährten außer Sicht- und Hörweite sind.

Daß es ASW auch zwischen Tieren verschiedener Spezies gibt, ist schwierig zu beweisen, unsere eigenen Beobachtungen scheinen es jedoch zu bestätigen. Wir hatten z. B. einmal einen Stier und einen Gänserich, die absolut unzertrennlich waren. Auch wenn der Gänserich den Stier nicht sehen konnte, ließ er sofort alles liegen und stehen und folgte dem Stier, sobald dieser eine andere Weide aufsuchte. Er wußte stets genau, wo der Stier war, auch wenn er ihn nicht sehen konnte. Der Stier ging mit den Kühen auf die Weide und kam abends wieder mit ihnen herein. Wenn sie gemolken wurden, legte er sich im Hof nieder. Manchmal saß der Gänserich auf oder neben ihm, manchmal ging er auch seinen eigenen Angelegenheiten nach. Einmal wurde er aus Versehen eingeschlossen und blieb morgens zurück, als die Kühe hinausgelassen wurden. Zufällig wurden sie an diesem Tag auf eine andere Weide getrieben, etwa vierhundert Meter entfernt von der vorigen. Als der Gänserich schließlich freigelassen wurde, dachten wir, er würde geradewegs zu der üblichen Weide gehen. Statt dessen rannte er heraus, erhob sich in die Luft und flog schnurstracks zu der neuen Weide, auf der die Kühe grasten. Es hätte Zufall sein können. Vielleicht flog der

Gänserich einfach so hoch, daß er sehen konnte, wo die Herde war. Aber es liegt durchaus im Bereiche der Wahrscheinlichkeit, daß irgendein Sinn ihm sagte, daß die Dinge heute anders lagen, und daß zwischen ihm und dem Stier irgendeine Form der geistigen Kommunikation bestand.

In einem anderen Fall war zwischen einer Kuh und einem Pony eine sehr enge Freundschaft entstanden. Das merkwürdige daran war, daß die Kuh wußte, wann die Ponystute rossig war, und sie bestieg, wie sie es im selben Fall bei einer Kuh getan hätte. Es ist kaum wahrscheinlich, daß der Geruch des rossigen Ponys der Kuh irgend etwas sagte oder daß es irgendwelche Zeichen gab. Ponystuten besteigen sich normalerweise nicht gegenseitig, und deshalb würde die Stute wohl kaum ein entsprechendes Zeichen gegeben haben. Trotzdem wußte die Kuh instinktiv, wann die Stute rossig war. Wir glauben, daß die sehr starke Affinität zwischen Kuh und Pony der Grund für ein Verhalten war, das nur für die Kuh, nicht aber für die Ponystute normal war.

Cork Beg hing sehr an einem Friesenbullen, und sie standen stundenlang zusammen. Wenn sich der Stier hinlegte, stand Cork Beg über ihm, und wenn die Fliegen sie plagten, standen sie Kopf an Schwanz und wedelten sie sich gegenseitig fort. Der Stier kratzte Cork Beg mit seiner rauhen Zunge. Manchmal spielten sie zusammen: Cork Beg stand auf den Hinterbeinen und schlug mit den Vorderhufen nach dem Stier, dann griff der Stier ihn an, daß es aussah, als wolle er ihn auf die Hörner nehmen. Als wir dieses Spiel zum erstenmal sahen, dachten wir wirklich, es werde Cork Beg übel ergehen. Aber der Stier bremste jedesmal so rechtzeitig, daß er Cork Beg nicht einmal berührte. Dieses Spielchen dauerte zwischen zehn und fünfzehn Minuten. Cork Beg tat so, als ob er den Stier mit den Vorderhufen erschlagen wolle, und der Stier tat so, als ob er Cork Beg die Eingeweide herausreißen wolle. Wenn einer von beiden müde wurde, brüllte entweder der Stier, als ob er ihn über den Haufen rennen wolle, Cork Beg galoppierte davon und der Stier hinterdrein, oder Cork Beg wich dem Stier aus und knallte ihm gezielt seine Hinterhufe in die Rippen, ohne ihm jedoch wirklich weh zu tun.

Fünf oder zehn Minuten später standen sie wieder da und wedelten sich gegenseitig die Fliegen fort. Das Seltsame daran war, daß der Stier wußte, wo es Cork Beg juckte. Wenn es Cork Beg am Hüftknochen juckte, leckte der Stier am Hüftknochen. Juckte es ihn hinterm Ohr, leckte der Stier hinterm Ohr. Wir konnten keinerlei Anzeichen dafür erkennen, daß Cork Beg dem Stier irgendwie zu verstehen gegeben hätte, er solle ihn lecken. Außerdem war dieses Verhaltensmuster dem Stier ebenso fremd wie dem Pferd. Kühe lecken einander normalerweise nicht, höchstens eine Kuh ihr Kälbchen, und noch ungewöhnlicher ist es, daß ein Stier eine Kuh leckt außer als sexuellen Stimulus. Pferde lecken einander genauso wenig; um einen Juckreiz zu lindern, knabbern oder beißen sie sich höchstens gegenseitig. Auch in diesem Fall glauben wir, daß die beiden Tiere mittels ASW miteinander in Verbindung standen. Ich möchte jedoch darauf hinweisen, daß dieser Glaube auf Beobachtung beruht und nicht auf einem handfesten Beweis.

Zwei Pferde können in emotioneller und geistiger Verbindung stehen, sie müssen aber nicht. Wir sagen, daß Pferde in gleichen oder in verschiedenen Gedankenmustern denken, und bis zu einem gewissen Grad hat jede Rasse ihr eigenes Gedankenmuster. Ein Vollblüter hat wahrscheinlich ein anderes Gedankenmuster als ein Welsh Cob, und ein Welsh Cob hat wieder ein anderes Gedankenmuster als ein Pony, aber es gibt Welsh Cobs, die denken wie Ponys, und Vollblüter, die denken wie Welsh Cobs. Natürlich sind diese Gedanken- und Gefühlsmuster nicht starr. Wenn die Gedankenmuster zweier Pferde in der Hauptsache verschieden sind, jedoch auch bestimmte Ähnlichkeiten aufweisen, werden diese Ähnlichkeiten durch eine enge Gemeinschaft verstärkt, so daß sie sich geistig immer näher kommen. Wir glauben, daß sich die Gedankenmuster ändern und aneinander angleichen. Ebenso ist es in einer Gruppe von mehreren Pferden. Pferde mit ähnlichen Gedankenmustern werden sich schneller aneinander anschließen, und ihre Gedankenmuster werden sich immer mehr aneinander angleichen. In einer größeren Herde, in der z. B. Welsh Cobs und Halbblüter vereint sind, werden sich deshalb vor allem die Welsh Cobs zusammenschließen, während die Halbblüter wieder eher eine Gruppe für sich bilden. Sie lernen aber auch das Gedankenmuster der anderen Gruppe. Wenn ein Vollblüter und ein kleines Pony zusammen gehalten werden und keinen Kontakt zu anderen Pferden haben, wird zu Anfang zwischen ihnen keine emotionale Verbindung bestehen. Nach einiger Zeit wird sich jedoch eine Übereinstimmung entwickeln, und ihre Gedankenmuster werden sich ähnlicher werden. Wenn sie später Kontakt zu anderen Vollblütern und Ponys bekommen, kehrt das Pony mit großer Wahrscheinlichkeit zu seinem ursprünglichen Gedankenmuster zurück, wie auch der Vollblüter zu seinem Vollblüter-Gedankenmuster zurückkehrt. Pferde verschiedener Rassen können durch Assoziation lernen, sich einander mitzuteilen, d. h. auch mit Pferden oder Tieren, die andere Gedankenmuster haben, in Verbindung zu treten. Am einfachsten ist die Kommunikation jedoch nach wie vor mit den Tieren, die nach demselben Gedankenmuster denken wie sie selbst.

Dieser Unterschied zwischen dem Gedankenmuster eines Pferdes und dem eines anderen erklärt auch, warum ein Mensch zu dem einen Pferd einen «Draht» findet und zum anderen nicht. Es erklärt, warum ein bestimmtes Pferd alles tut, was man von ihm verlangt, und automatisch auf jede Forderung reagiert, während ein anderes Pferd, manchmal sogar aus der gleichen Rasse, vom gleichen Typ und Temperament, das genaue Gegenteil tut, ganz gleich, was man von ihm verlangt.

Im letzten Frühjahr sollte ich zwei Ponys nach meiner Methode ausbilden, die beide vom selben Welsh-Cob-Hengst Rhysted Prince abstammten und dieselbe Ponystute zur Mutter hatten, also Vollbrüder waren. Sie waren drei und vier Jahre alt, beide ungefähr 1,20 Meter groß und Rotschimmel. Sie sahen fast genau gleich aus, aber eines kämpfte unentwegt gegen mich, ganz gleich, was ich von ihm wollte, während das andere willig alles ausführte, was ich von ihm verlangte, als ob es ein erfahrenes altes Pferd und sein ganzes Leben geritten worden wäre. Als die beiden Ponys wieder bei ihren Besitzern waren, warf das, zu dem ich einen so guten Kontakt gehabt hatte, den Sohn des Besitzers ab, so oft er es zu reiten versuchte, wogegen sein Bruder, der mir nichts als Schwierigkeiten gemacht hatte, wie ein Lamm ging. Mit Menschen ist es das gleiche: Manche Menschen sind einem auf den ersten Anhieb sympathisch, und andere gehen einem schon gegen den Strich, wenn man sie zum erstenmal sieht.

Bei unserer Arbeit mit Pferden sind die, zu denen wir eine Affinität haben, auch diejenigen, von denen wir die beste Reaktion erhalten. Andererseits kann man Affinitäten manchmal auch bewußt aufbauen und entwickeln, wenn man sich mit Experimenten zwischen Mensch und Pferd beschäftigt. Ich z. B. hatte immer einen Draht zu Vollblütern und sonstigen edel gezogenen Pferden. Auch wenn sie noch so schwierig und unangenehm sind, bei mir gehen sie immer ganz brav, und ich kann beim Rennen oft mehr aus ihnen herausholen als irgend jemand sonst. Sehr lange Zeit – bis vor etwa sieben oder acht Jahren – hatte ich jedoch überhaupt kein Gefühl für andere Rassen. Wie gut ich sie reiten oder mit ihnen umgehen konnte, hing einzig und allein von meiner Erfahrung ab und hatte nichts mit dem Pferd selbst zu tun. Mit der Zeit habe ich dann eine Fähigkeit entwickelt, mich auf die Wellenlänge des Pferdes, das ich gerade unter dem Sattel habe, einzustellen. Mit kleinen Ponys habe ich allerdings noch immer keinerlei Übereinstimmung erzielt, und ich betrachte das als Schwäche meinerseits, die ich mit Hilfe von Zeit und Ausdauer eines Tages zu überwinden hoffe. Wenn man zu einer bestimmten Pferderasse keinen Kontakt hat, bringt man es, wenn man daran arbeitet, vielleicht fertig, doch zu einem Vertreter dieser Rasse eine Verbindung herzustellen, dann zu zwei, drei usw., bis man mit der Zeit eine Verbindung zu den meisten Pferden herstellen kann.

In den letzten vier Jahren hat mir ein knapp 1,45 Meter großer Welsh Cob mit Namen Trefais Comet, von dem ich schon erzählt habe, ausgezeichnete Dienste geleistet. Dabei kann er manchmal das unberechenbarste, bösartigste kleine Mistvieh der Welt sein. Ich habe jedoch einen Draht zu ihm, und für mich geht er immer. In einem Wettbewerb gibt er sein Letztes und ist erpichter auf den Sieg als ich selbst. Vermutlich ist er tatsächlich der einzige lebende Welsh Cob, der Vollblüter in Vielseitigkeitsprüfungen ständig geschlagen hat.

Gelegentlich kann es auch zu einem Reinfall führen, mit einem Pferd die gleiche Wellenlänge zu haben. Einen Vollblutschimmel namens Costa Clyde kaufte ich, weil ich mich mit ihm verstand und weil er so unverschämt selbstbewußt und eitel durch den Ring stolzierte: «Ich bin das beste Pferd hier, keines kann sich mit mir vergleichen.» Wie sich herausstellte, war er der größte Lügner auf Gottes Erdboden. Erst nachdem ich ihn gekauft hatte, kam ich dahinter, daß er immer voll und ganz von sich und seiner eigenen Wichtigkeit eingenommen war. Er wurde nie ein richtiges Rennpferd und gewann kein einziges Rennen. Ich mochte ihn trotzdem und ritt ihn gern, weil er so überaus stolz und selbstsicher war. Sogar wenn er als Letzter aus einem Rennen zurückkam, war er noch restlos von sich eingenommen und wußte die aufregendsten Geschichten zu erzählen, warum er nicht gewonnen habe.

Man darf aber auch nicht vergessen, daß das Pferd nach menschlichen Maßstäben nicht sehr intelligent ist – sein Verständnis läßt sich wahrscheinlich etwa mit dem eines achtjährigen Kindes vergleichen. Und es sind die überdurchschnittlich intelligenten Pferde, die die meisten Schwierigkeiten machen: gerade sie sind nicht mehr zu reiten, wenn sie falsch behandelt werden, und kaufen ihrem Besitzer den Schneid ab. Auf der Rennbahn lernen sie schnell, daß Rennen nichts einbringt, schon gar nicht das Finish, wo es Hiebe setzt, und so lassen sie Rennen Rennen sein und machen lieber Mätzchen. Aber das sind die Pferde, die wir gern haben und die auf unsere sanfte Methode des Zureitens am besten reagieren.

9 Beweise für ASW bei Pferden

Es scheint, daß ASW, wie es sie von Pferd zu Pferd, von Pferd zu Mensch oder umgekehrt gibt, vier verschiedene Funktionen hat, die sowohl getrennt als auch zusammen benutzt werden können. In erster Linie werden *Stimmungen* übertragen – aufgewühlt und erregt oder friedlich und entspannt. Einen Teil dieser Botschaft nimmt der Empfänger bewußt wahr, d. h. er sieht vielleicht, wie das Pferd entspannt und friedfertig im Schatten steht und mit dem Schweif wedelt. Gleichzeitig fühlt er dessen Ruhe und Frieden jedoch auch in sich selbst. Handelt es sich bei dem Empfänger ebenfalls um ein Pferd, kann man beobachten, wie sich Ruhe und Friede des ersten Pferdes auf das zweite übertragen. Wird der Friede aber durch irgend etwas gestört – z. B. von Hunden, die am Horizont auftauchen, oder vom Geräusch galoppierender Pferde –, regt sich das Pferd auf, und diese Erregung überträgt sich auf das zweite Pferd, selbst wenn es das erste nicht sehen kann und auch weder sehen noch hören kann, was der Grund für dessen Aufregung ist. Ein Beobachter wird feststellen, daß auch das zweite Pferd sich aufgeregt gebärdet und um sich schaut, um den Grund für die Aufregung herauszufinden, auch wenn es nicht sehen kann, was sich bei dem ersten Pferd ereignet.

Die zweite Funktion der außersinnlichen Wahrnehmung ist die Übermittlung von *Gefühlen:* Ärger, Zuneigung usw. Am stärksten überträgt sich Ärger; man kann richtig fühlen, wie er sich in einem selbst aufstaut, einem den Magen zusammenpreßt und sich immer mehr steigert, bis man das Gefühl hat, im nächsten Augenblick zu explodieren.

Ich erhielt vor kurzem den Beweis dafür, wie stark eine solche Botschaft des Ärgers sein kann. Ein Freund hatte mir einen Sechsjährigen gebracht, eine Kreuzung zwischen Araber und Welsh Pony, der drei Jahre lang als Deckhengst eingesetzt und im letzten Frühjahr kastriert worden war. Sobald die Operationsnarben verheilt waren, kam er zu uns, und ich war besonders an ihm interessiert, weil wir zur gleichen Zeit zwei seiner Söhne auf unserem Hof hatten. Wir nannten ihn Ieuan. Zwischen ihm und mir bestand sofort eine Affinität, was recht ungewöhnlich war, weil ich sonst mit allem, was arabisches Blut in den Adern hat, nicht viel anfangen kann. Wir arbeiteten ungefähr vierzehn Tage mit ihm, ritten ihn jeden Tag und behandelten ihn nach unserer Methode, und um Ostern herum ging er so ruhig und gut, daß wir uns entschlossen, ihn beim Trekking einzusetzen. Drei oder vier Tage ging er ausgezeichnet. Dann kam ein Freund von uns über Ostern zu Besuch. Er ritt ihn am Karfreitag, und am Karsamstag ritt er ihn wieder. Meine Frau und meine Tochter waren mit ins Gelände geritten, und als sie zwanzig Minuten unterwegs waren, spürte ich, wie sich meine Magenmuskeln verkrampften und immer härter wurden. Da wußte ich, daß ich eine Botschaft von Ieuan empfing. Weshalb ich dessen so sicher war, kann ich nicht sagen. Ich setzte mich also ins Auto und fuhr hinter ihnen her, und nach ein paar Kilometern hatte ich sie eingeholt. Sofort sah ich, daß Ieuan am Durchdrehen war. Ich holte Bill herunter und setzte meine Tochter in den Sattel, und sie ritten ganz vergnügt weiter. Am gleichen Nachmittag wollte Paddy, meine Tochter, jedoch lieber ein junges Pferd reiten, weshalb ich einen anderen unserer Freunde namens Brian auf Ieuan setzte. Sie ritten weg, und wieder spürte ich nach einer halben Stunde das bekannte Gefühl im Magen. Also wieder ins Auto, und wieder war Ieuan kurz vor dem Explodieren. Als ich sie einholte, wollte er gerade anfangen zu bocken, aber sobald ich da war, beruhigte er sich. Ich setzte eines der Mädchen auf seinen Rücken, und danach ging er ganz friedlich.

Beim zweiten Mal hatte ich über vier bis fünf Kilometer hinweg gespürt, wie das Pferd sich auflud; das ist bemerkenswert, weil ASW normalerweise nur über verhältnismäßig kurze Entfernung wirksam wird. Außerdem hatte ich bei dieser Gelegenheit eine Menge Zeugen für die Wirkung der außersinnlichen Wahrnehmung.

Auch *physische Zustände* wie Hunger, Durst und Schmerz werden vom Pferd durch ASW mitgeteilt, und die Fähigkeit, solche

Botschaften zu empfangen, scheint zu den Eigenschaften aller guten Tierärzte zu gehören. Sie spüren einfach, wo es dem Pferd weh tut, und sie verwenden diese Fähigkeit, um Krankheiten oder Verletzungen zu diagnostizieren – eine offensichtlich für einen Tierarzt äußerst wichtige Fähigkeit. Wenn ein Pferd z. B. auf einem Hinterfuß lahmt, kann es sich am Huf, an der Fessel oder im Sprunggelenk verletzt haben. Es kann sich eine Sehne gezerrt haben, es kann aber auch das Knie oder das Hüftgelenk krank sein. Vielleicht hat es sich auch einen Rückenmuskel gezerrt oder einen Wirbel verletzt. Es kann durchaus vorkommen, daß kein äußerliches Zeichen darauf hinweist, wo der Schaden sitzt. Natürlich hilft dem Tierarzt seine Erfahrung zu erraten, woher die Lahmheit höchstwahrscheinlich kommt, aber bei Bill Martin, unserem Tierarzt in Westengland, habe ich erlebt, daß er eine Verletzung buchstäblich spürte. Er stand fünf bis zehn Minuten da und sah das Pferd an. Manchmal unterhielt er sich, manchmal sagte er gar nichts, konzentrierte sich nur aufs Sehen und Fühlen. Und dann ging er mit fast unfehlbarer Sicherheit geradewegs auf den Punkt zu, wo der Schmerz herkam. Ich erinnere mich, daß er einmal zu mir sagte: «Mach deine Augen und Ohren auf, Henry, aber ganz ohne Gespür geht es auch nicht.» Er sagte, er habe einen sechsten Sinn dafür, was mit einem Pferd los sei, und ich habe immer bedauert, daß wir mit unserer Arbeit über Tierkommunikation gerade erst angefangen hatten, als wir ihn noch öfter sahen, so daß wir nicht mit ihm darüber sprachen.

Schließlich können mittels ASW auch sehr *begrenzte Gedanken* wie «Hier ist Futter», «Nichts wie weg hier» usw. übertragen werden, und davon machen Pferde auch sehr oft Gebrauch. Diese Funktion ist wahrscheinlich eine Erweiterung der Fähigkeit, Stimmungen und Gefühle zu übertragen, denn der Gedanke «Hier ist Futter» wird bei Anwendung von ASW nicht als *Botschaft* übertragen, wie das der Fall wäre, wenn es sich um Telepathie handelte. Was das Pferd spürt, ist, daß der Hunger seines Gefährten abnimmt, und daher weiß es, daß das andere Pferd frißt. Genauso liegt dem Gedanken «Nichts wie weg hier» die einfache Tatsache zugrunde, daß sich die Furcht eines Pferdes vermindert, wenn es die Flucht ergreift, also Abstand zu dem Objekt seiner Furcht bekommt. Ich habe es indessen für praktische Zwecke dienlich gefunden, zu sagen, daß eine Funktion der außersinnlichen Wahrnehmung darin besteht, begrenzte Gedanken zu übertragen. Diese Unterscheidung ist besonders nützlich, wenn es sich um irgendeine Reaktion auf ein Gefühl oder einen Zustand handelt, denn oft werden zwei oder drei dieser Funktionen der ASW zusammen benutzt. Die Gedankengänge «Ich habe Hunger», «Hier gibt es gutes Gras» werden empfangen als Hunger und verminderter Hunger. Die Gedankengänge «Ich habe Angst», «Nichts wie weg hier» werden empfangen als Furcht und dann als die automatische Reaktion auf Flucht, d. h. als ein Abnehmen der Furcht.

Daß sich durch ASW Botschaften übermitteln lassen, war für das Überleben der Spezies lebensnotwendig. In Freiheit zerstreut sich eine grasende Pferdeherde sicher oft so weit, daß einige Mitglieder außer Sicht- und Hörweite der anderen sind. Erschrickt jedoch ein Einzeltier der Herde, weil ein Mensch, ein Wolf oder sonst ein Räuber auftaucht, werden die übrigen durch ASW gewarnt, auch wenn sie vielleicht zwischen Bäumen grasen und den Gefährten weder hören noch sehen können. Solcherart gewarnte Pferde werden erst unruhig, spitzen die Ohren, schnauben und entfernen sich dann aus dem betreffenden Gebiet.

Das Pferd spürt auch, wenn ein Angriff durch ein anderes Tier bevorsteht, und auch das war für das Überleben der Art unabdingbar. Wenn sich z. B. ein Mensch, ein Wolf oder ein anderer Fleischfresser anschleicht, um ein Pferd anzufallen, wird dieses unruhig und rastlos, selbst wenn es den Feind weder sehen noch hören oder riechen kann. Seltsamerweise gehört das zu den Fähigkeiten, die sich auch der Mensch bewahrt hat. Wenn man versucht, einen Menschen zu beschatten, stellt man oft nach kurzer Zeit fest, daß er sich umzuschauen beginnt, obwohl er nichts von der Anwesenheit eines Verfolgers weiß. Er fühlt ihn mit einem sechsten Sinn. Das können Sie leicht selbst beweisen. Sie brauchen sich auf der Straße nur irgendeinen ahnungslosen

Passanten auszusuchen und ihm zehn bis fünfzehn Minuten lang nachzugehen. Diese Empfänglichkeit ist einer der wenigen Züge, die dem Menschen aus der Vorzeit ganz erhalten geblieben sind.

Während der letzten fünf Jahre haben wir einige Experimente durchgeführt, um ASW bei Pferden zu testen. Dazu haben wir aufeinander abgestimmte Pferde verwendet, d. h. jeweils zwei Pferde, die enge Gefährten und ein Herz und eine Seele waren, auf der gleichen Wellenlänge dachten und wie *ein* Wesen handelten. Sie grasten zusammen, gingen zusammen, standen zusammen, und wenn man sie einfangen wollte, kamen entweder beide oder keines. Wir setzten nur Pferde ein, von denen wir wußten, daß sie aus demselben Stall kamen und mindestens zwei oder drei Jahre zusammengewesen waren, und wir versuchten nach Möglichkeit – obwohl es sich nicht immer durchführen ließ – Brüder und Schwestern auszuwählen, da wir festgestellt hatten, daß zwei zusammen aufgezogene Brüder oder Schwestern mit großer Wahrscheinlichkeit auf derselben Wellenlänge denken. Bevor wir mit ihnen zu arbeiten begannen, beobachteten wir sie vier bis sechs Wochen lang, um sicherzugehen, daß sie immer zusammen grasten und sich nie, auch nicht kurzzeitig, einem anderen Pferd zugesellten. Wenn wir dessen sicher waren und mir meine eigene Erfahrung sagte, daß sie auf der gleichen Wellenlänge lagen, konnten wir mit unseren Experimenten beginnen.

Manchmal konnte ich den Botschaften, die ich über ASW empfing, nicht mit letzter Sicherheit entnehmen, ob die Pferde wirklich auf derselben Wellenlänge dachten, weil ich die Tendenz habe, mich auf die Wellenlänge des Pferdes einzustellen, mit dem ich mich gerade befasse. Wir versuchten aber, aus den vierzig bis fünfzig Pferden, die jedes Jahr durch unsere Hände gehen, jedes Jahr zwei Paare auszuwählen. Nach fünf Jahren hatten wir elf Paare gefunden, d. h. daß das Verhältnis zwischen geeigneten und ungeeigneten Pferden bei etwa zehn Prozent lag. Von diesen schieden zwei Paare wieder aus, weil sich herausstellte, daß sie sich eher körperlich als seelisch zueinander hingezogen fühlten. In beiden Fällen handelte es sich um eine Stute und einen Wallach, und ihre Anziehungskraft aufeinander war sexueller Art. (Das schlossen wir aus der Tatsache, daß sie einander viel näher waren, wenn die Stute rossig war, und daß sie in den zehn oder vierzehn Tagen zwischen einer Rossigkeit und der nächsten auch viel enger beieinander waren.) Das dritte Paar, das ausschied, war eine achtjährige Stute und ein ziemlich unreifer dreijähriger Wallach, die beide von derselben Farm kamen und zusammen gewesen waren, seit der Wallach sechs Monate alt war. Sie schienen ein ideales Paar zu sein, bis wir wirklich mit den Experimenten begannen. Ich führte die fünf Experimente zuerst mit dem Wallach durch und erhielt in jedem Fall ein positives Ergebnis. Als ich mich jedoch mit der Stute beschäftigte, waren die Ergebnisse nur noch zu fünfzig Prozent positiv. Zusammen erzielten die beiden sogar überdurchschnittliche Ergebnisse – 75 Prozent positiv, das sind 7 bis 8 Prozent über dem Durchschnitt; aber nach längerem Nachdenken kam ich zu dem Schluß, daß die Stute in seelischer Verbindung zu mir stand und nicht zu dem Wallach. Ihre Affinität zu dem Wallach beruhte eher auf Mütterlichkeit als auf Seelenverwandtschaft.

Glück hatten wir von Anfang an mit der Tatsache, daß unsere Farm sich von der Anlage her für diese Experimente anbot. Wir hatten eine Einzelbox gleich neben dem Haus und fünfzig Meter weiter, auf der anderen Seite einer Reihe von Gebäuden, einen Eisenbahnschuppen neben dem Eingangstor. Wir verfügten also über zwei Boxen, in denen zwei Pferde sich weder hören noch sehen konnten. Da das eine Pferd das andere, mit dem wir unsere Experimente durchführten, weder hören noch sehen konnte, mußte jede Reaktion, die zu verzeichnen war, das Ergebnis außersinnlicher Wahrnehmung sein und nicht das Ergebnis von Gesehenem oder Gehörtem. Außerdem konnte man von zwei Stellen in den dazwischenliegenden Gebäuden das zweite Pferd beobachten, ohne selbst gesehen zu werden. Wenn wir mit dem Pferd in der Einzelbox auf dem Hof arbeiteten, wußte das Pferd im Schuppen nicht einmal, daß wir auf dem Hof waren, ganz zu schweigen von dem, was wir mit dem anderen Pferd machten. Beim zweiten Experiment mußten wir den Hof eine Zeitlang verlassen, weshalb wir den Eisenbahnschuppen neben dem Eingangstor benutzten, um das Pferd zu satteln und aufzuzäumen und aus dem Hof zu führen. Das erste Pferd konnte uns nicht einmal weggehen sehen, obwohl es unsere Schritte hören konnte, wenn wir die Straße hintergingen.

Wir hatten fünf Experimente ausgedacht, und innerhalb von drei Tagen führten wir jedes Experiment dreimal durch, wobei wir einmal mit dem einen Pferd arbeiteten und die Reaktion des anderen beobachteten und dann wieder umgekehrt.

Am ersten Tag führten wir Experiment Eins mit Pferd A, am zweiten mit Pferd B und am dritten mit Pferd A durch.

Bei Experiment Zwei wurde am ersten Tag Pferd B, am zweiten Pferd A, am dritten Pferd B eingesetzt.

Experiment Drei verlief in der Reihenfolge A, B, A.

Für Experiment Vier lautete sie B, A, B und für Experiment Fünf A, B, A. Auf diese Weise waren wir ganz sicher, daß die primären und sekundären Reaktionen bei jedem Pferd gleichmäßig verteilt waren.

Beim ersten Experiment erhielt eines der beiden Pferde Futter in seinem Futtertrog. Als positives Ergebnis wurde verzeichnet, wenn sein Gefährte zur selben Zeit erkennen ließ, daß er Futter wollte. Um ganz sicherzugehen, daß die Gewohnheit bei diesem Experiment keine Rolle spielte, wurden die Pferde nicht jeden Tag um die gleiche Zeit und auch nicht zu den regulären Fütterungszeiten gefüttert, so daß eine etwaige Reaktion die Folge von ASW sein mußte.

Bei einundzwanzig von vierundzwanzig Tests war das Ergebnis positiv, was besser war, als wir zu hoffen gewagt hatten. Wenn wir ein Pferd fütterten, wußte in einundzwanzig von vierundzwanzig Fällen das zweite Pferd, daß das erste gefüttert wurde, obwohl es uns in keiner Weise hören oder sehen konnte, und es verlangte ebenfalls Futter. (Natürlich mußten wir vor diesem Experiment zuerst feststellen, auf welche Weise jedes der beteiligten Pferde sagte «Wo zum Kuckuck bleibt mein Frühstück». Manche machten Krach mit ihren Futtertrögen, andere bullerten, zwei gingen immer zwischen Tür und Futtertrog hin und her. Ein Pferd hängte seinen Kopf über die Stalltür ins Freie und schlug solange damit auf und nieder, auf und nieder, bis das Futter kam. Wenn es sehr lange dauerte, schnitt es die entsetzlichsten Grimassen.) Das war nach Plan und Durchführung das einfachste Experiment, weil erstens Zeichen, Geräusche und Gewohnheiten leicht zu eliminieren sind und zweitens keinerlei Raum für persönliche Meinung ist. Das zweite Pferd sagt entweder «Wo zum Kuckuck bleibt mein Frühstück» oder es sagt nichts: Mißverständnisse sind ausgeschlossen. In meinen Augen ist dieses Experiment deshalb ein absolut schlüssiger Beweis für die Existenz von außersinnlicher Wahrnehmung.

Im zweiten Experiment nahmen wir ein Pferd aus dem Hof heraus auf eine Wiese und machten es durch lange Galopps und Springen munter, bis es in Erregung geriet. Als positives Ergebnis wurde verzeichnet, wenn das in seiner Box zurückgebliebene Pferd sich aufregte, wenn das erste Pferd zum Hof zurückkehrte. Auch bei diesem Experiment läßt sich verhältnismäßig einfach beurteilen, ob ein Ergebnis positiv ist oder nicht: Wenn ein Pferd ruhig dasteht und vor sich hin döst, dann aber plötzlich die Ohren spitzt und anfängt, in seiner Box herumzugehen oder herumzutanzen, kann man ganz sicher sein, daß es durch irgend etwas beunruhigt und erregt wurde. Zwei Pferde wurden unruhig und begannen zu bullern; in zwei Fällen zeigte das Pferd in der Box Zeichen der Erregung, als das andere Pferd noch fast einen halben Kilometer entfernt war. Bei zwei anderen aber – d. h. bei drei Experimenten, weil wir mit einem der Pferde zweimal arbeiteten – erhielten wir keine schlüssigen Ergebnisse, weil das betreffende Pferd von Natur aus unruhig war und auch sonst ohne ersichtlichen Grund ab und zu in Erregung geriet. Immerhin verliefen von vierundzwanzig Experimenten neunzehn positiv, und in drei weiteren geriet das zweite Pferd zwar in Erregung, wir konnten jedoch nicht ganz sicher sein, daß es ausschließlich die Folge davon war, daß sein Partner aufgeregt war.

Experiment Nummer drei war mehr oder weniger ein kompletter Reinfall, weil die positiven Ergebnisse zuviel Raum für menschliche Fehlinterpretationen ließen. Das Experiment schloß sich an das vorhergehende an. Nachdem wir das erregte Pferd zurückgebracht und die Auswirkungen auf seinen Gefährten beobachtet hatten, sattelten wir es ab, gingen zu seinem *Gefährten* und taten alles, damit er sich beruhigte und entspannte. Als positives Ergebnis wurde verzeichnet, wenn sich auch das andere erregte Pferd erheblich schneller als normal beruhigte. Die Schwierigkeit dabei bestand in der Beurteilung, wie lange es normalerweise gedauert hätte. Außerdem mußten wir die Versuchsreihe abkürzen, weil eines der Pferde, das wir absichtlich in Erregung versetzten, durchdrehte und sich eine Verletzung zuzog, so daß wir zwanzig Minuten damit beschäftigt waren, die Wunde zu säubern und die Blutung zu stillen, statt seinen Gefährten beruhigen zu können. Wir konnten deshalb nur dreiundzwanzig statt vierundzwanzig Experimente zählen. Von den dreiundzwanzig erzielten acht ein positives und sieben ein ungewisses Ergebnis, d. h. in acht Fällen hielten wir es für wahrscheinlich, daß das Pferd sich schneller als üblich beruhigt hatte, und in sieben Fällen hielten wir es für möglich. Ich erwähne auch dieses nicht sehr überzeugende Experiment, weil ich das Gefühl habe, daß es sehr wohl eines der sichersten und wichtigsten Experimente der Reihe sein könnte, wenn man ein gewisses Maß an wissenschaftlichem Instrumentarium und genügend Zeit für die Planung investiert.

Das vierte Experiment war ganz einfach. Ich unterhielt mich mit einem der beiden Pferde – meist mit dem, das ich weniger mochte –, streichelte und klopfte es, und wenn das andere Pferd Zeichen von Eifersucht zeigte, galt dies als positives Ergebnis. Eifersucht zeigt sich auf verschiedene Weise: Das Pferd kann unruhig werden und anfangen, in seiner Box herumzuwandern. Eine Stute klopfte mit dem Huf gegen die Boxentür, eine andere hängte den Kopf über die Stalltür und schleuderte ihn auf und ab. Eine dritte begann, ihren Futtertrog herumzustoßen, sobald ich anfing, mit ihrem Gefährten zu sprechen. Es waren nicht genau die Ergebnisse, die ich erwartet hatte, aber wir werteten sie trotzdem als positive Ergebnisse. Das merkwürdige daran war, daß fast die Hälfte der Pferde ihre positive Reaktion mit dem Satz «Wo zum Kuckuck bleibt mein Frühstück» zum Ausdruck brachte, was möglicherweise ein Zeichen dafür ist, daß die mittels ASW ausgesandte Botschaft den Eindruck der Lust vermittelte, was fast die Hälfte der Pferde so verstand, daß der Gefährte gefüttert wurde. Auch hier konnten wir von den drei von Natur aus unruhigen und erregbaren Pferden keine sicheren Ergebnisse erhalten, weil wir nicht mit Sicherheit sagen konnten, ob ihre Reaktion eine Folge ihrer natürlichen Rastlosigkeit oder einer außersinnlichen Wahrnehmung war. Eines dieser drei Pferde war eine Stute, die ihre Ungeduld dadurch ausdrückte, daß sie den Kopf auf und ab schleuderte, was nicht der Art entsprach, wie sich ihre Unruhe sonst äußerte (sonst wanderte sie in ihrer Box herum und schaute dann aus der Tür). Auf diese Art sagte sie aber normalerweise «Wo zum Kuckuck bleibt mein Frühstück». Diese Reaktion werteten wir als wahrscheinliches, nicht unbedingt als positives Ergebnis. Damit ergaben sich für dieses Experiment siebzehn positive Ergebnisse aus vierundzwanzig Versuchen.

Das fünfte Experiment war das unerfreulichste, und ich möchte es eigentlich nicht gern wiederholen. Dabei mußten wir nämlich ein Pferd wirklich in Angst und Schrecken versetzen, und das mache ich normalerweise nicht gern. Außerdem glaube ich, daß sich ASW auch ohne Angst beweisen läßt. Da aber Angst eine primäre Emotion ist, hielten wir es für wichtig zu beweisen, daß sie von einem Tier auf ein anderes übertragbar ist. Um das Pferd zu erschrecken, rannte ich auf es zu, ballte die Fäuste und jagte es in der Box herum, bis es vor Angst ganz aus dem Häuschen war. Als positives Ergebnis wurde verzeichnet, wenn auch sein Gefährte Unruhe zeigte. Das war in sechzehn von vierundzwanzig Versuchen der Fall, nicht gerechnet natürlich wieder die drei leicht erregbaren Pferde, deren Reaktion wir nicht als positiv werten konnten.

Von den hundertneunzehn Versuchen, die wir durchführten, erzielten wir also in einundachtzig Fällen positive Ergebnisse (zwölf Ergebnisse bezeichneten wir als nicht gesichert, elf weitere als möglich), was einer Erfolgsrate von rund 68 Prozent entsprach. Wenn man berücksichtigt, daß die einzige Alternative zu ASW bei der Erklärung dieser Ergebnisse der reine Zufall ist, erscheint es mehr als wissenschaftlich wahrscheinlich, daß Pferde sich noch anders als visuell oder akustisch miteinander verständigen können.

Aus persönlichem Interesse führten wir noch ein Kontrollexperiment durch. Dazu verwendeten wir eine Stute und einen Wallach, die sich spinnefeind waren, und in fünfzehn Versuchen brachten wir es auf ein einziges positives Ergebnis. Bei dieser Versuchsreihe war jede Möglichkeit einer Verständigung zwischen mir und einem der Pferde ausgeschlossen – ich mochte sie nicht, sie mochten sich gegenseitig nicht, und wir waren überhaupt ein äußerst feindseliges Trio! Da sich bei diesem Kontrollexperiment in nur 6,66 Prozent der Fälle ein positives Ergebnis zeigte, bei der eigentlichen Versuchsreihe jedoch eine Erfolgsquote von 68 Prozent, werteten wir dies wiederum als Beweis dafür, daß ASW unter Pferden mit einiger Wahrscheinlichkeit existiert.

Ich möchte darauf hinweisen, daß die fünf Experimente so angelegt waren, daß sie die Übermittlung folgender Botschaften durch ASW zeigten: «Hunger nimmt ab», «Erregung», «Erregung nimmt ab», «Eifersucht» und «Angst». Uns hat diese Versuchsreihe davon überzeugt, daß sich die Existenz außersinnlicher Wahrnehmung wissenschaftlich beweisen läßt. Läßt man bei unseren Experimenten die erregbaren Pferde und das mißlungene dritte Experiment außer acht, ergibt sich sogar eine Erfolgsquote von fast 80 statt 68 Prozent.

Was uns bei diesen Versuchen am meisten interessierte, waren weniger die Ergebnisse, die etwas besser ausfielen, als wir erwartet hatten, als vielmehr die Tatsache, daß sie darauf hinweisen, daß Pferde die Fähigkeit besitzen, sich auf verschiedene Wellenlängen einzustellen. Einige der von uns verwendeten Pferde gehörten verschiedenen Rassen an, die normalerweise nach verschiedenen Gedankenmustern und auf verschiedenen Wellenlängen denken. Darüber hinaus bestanden drei der acht Paare aus jeweils einer Stute und einem Wallach, deren Gedankenmuster ebenfalls sehr wahrscheinlich verschieden waren, weil sie nicht dem gleichen Geschlecht angehörten. Zum Beweis dafür, daß andere Typen und Rassen auch eine andere Wellenlänge besitzen und daß einzelne Pferde sich auf verschiedenen Wellenlängen und nach verschiedenen Gedankenmustern verständigen können, führten wir eine zweite Versuchsreihe mit vier Pferden durch: einem Welsh Cob, einer Vollblutstute, einer Ponystute mit Vollblutanteil und einem Hengst mit Welsh- und Section-B-Blut. Der Welsh Cob stand in seelischer Verbindung mit der Vollblutstute, und die beiden verband eine sehr enge Freundschaft. Die Vollblutstute stand mit dem Welsh Cob und mit dem Halbblutpony in Verbindung, und der Hengst hatte die gleiche Wellenlänge wie das Pony, stand aber mit keinem der beiden anderen in Verbindung. Nach einer sehr langen Versuchsreihe stellten wir fest, daß alle anderen drei Pferde ihr Futter verlangten, wenn wir den Welsh Cob fütterten. Wurde er jedoch gefüttert, ohne daß die Vollblutstute da war, verlangten weder das Pony noch der Hengst nach Futter. Brachten wir die Vollblutstute zurück und nahmen dafür das Pony mit, verlangte der Hengst nicht nach Futter. Fütterten wir den Hengst, und alle anderen drei Pferde waren da, verlangten auch alle drei Futter. Fehlte jedoch das Pony, verlangte weder die Stute noch der Welsh Cob Futter. Auch bei dieser Versuchsreihe fütterten wir zu ungewöhnlichen Zeiten, damit wir das Problem der Gewohnheit ausschließen konnten, und wir konnten absolut schlüssig beweisen, daß der Welsh Cob mittels ASW eine Botschaft aussandte, sobald er gefüttert wurde, und daß diese Botschaft von der Vollblutstute aufgefangen wurde. Diese gab die Botschaft an das Pony weiter und dieses wiederum an den Hengst. Fehlte die Vollblutstute, war niemand da, der die Botschaft des Welsh Cob aufnehmen konnte, so daß die anderen nichts davon wußten, daß er irgendwo gefüttert wurde. Fehlte das Pony statt der Stute, wußte die Stute von dem Futter, weil ihr der Welsh Cob diese Botschaft übermittelt hatte, es war aber keiner da, der ihre Botschaft aufgefangen und an den Hengst weitergegeben hätte.

Umgekehrt merkten die Stute und der Welsh Cob nichts davon, wenn wir den Hengst fütterten, ohne daß das Pony da war. War das Pony wieder da, empfing es die Botschaft von dem Hengst. Der Welsh Cob jedoch wußte ohne die Vollblüterin überhaupt nichts. Es handelte sich um die Pferde Rostellan, Iantella, Marie und Starlight.

(Über die Verbindung von Starlight und Marie gibt es übrigens eine sehr merkwürdige Geschichte. Wir hatten Starlight als achtjährigen Hengst auf einer Versteigerung gekauft. Wir nahmen ihn mit nach Hause und ließen ihn kastrieren. Nach ein paar Tagen ließen wir ihn mit den anderen Pferden zusammen auf die Weide, und er schloß sich sofort an Marie an und machte Anstalten, jeden anderen Wallach, der sich ihr zu nähern wagte, am Boden zu zerstören. Rostellan lebte in Furcht und Schrecken vor ihm, seit er gleich bei der ersten Begegnung Prügel bezogen hatte. Wir hatten Starlights Zuneigung zu Marie zwar bemerkt, dachten aber nicht weiter darüber nach. Elf Monate später brachte Marie allerdings ein schönes Fuchsfohlen zur Welt, was uns in einige Verwirrung stürzte, da Starlight sie zur Mutter gemacht haben mußte, als er schon ein Wallach war!)

Auf jeden Fall sind alle diese Experimente so angelegt, daß sie jederzeit von anderen Leuten, die Pferde zur Verfügung haben, wiederholt werden können. Wenn man sich mit der Auswahl der Versuchstiere Mühe gibt, wird man auch ein gutes Verhältnis gesicherter Ergebnisse erzielen. Wenn genügend viele Pferde zur Auswahl stehen und genügend Zeit für diese Auswahl zur Verfügung ist, lassen sich diese Ergebnisse nach Belieben wiederholen. Wir hoffen und glauben, daß diese sechs Experimente mit der Zeit für alle, die sich für die Existenz von ASW bei Pferden interessieren, zu Standardexperimenten werden. Wir wissen, daß wir auf dem Gebiet der Verständigung unter Pferden Pionierarbeit leisten, und als Pioniere müssen wir sorgfältig darauf achten, daß sich unsere Arbeit von anderen Leuten später andernorts wiederholen läßt. Wir sind uns auch darüber im klaren, daß unsere jetzige Arbeit in Stücke gerissen werden wird, und rechnen voll und ganz damit, daß die Leute in zwanzig oder dreißig

Jahren sagen werden: «Oh, Blake war nicht schlecht, er fing sehr früh an, aber da und da hat er sich getäuscht.» Es ist sehr gut möglich, daß wir uns auf einigen Teilgebieten dieses weitläufigen Themas wirklich getäuscht haben. Was aber die Erforschung der Lebensweise und des Verhaltens der Pferde im allgemeinen und der außersinnlichen Wahrnehmung im besonderen betrifft, sind wir sicher, daß wir mit unserer Arbeit richtig liegen, weil wir wissen, daß wir uns die ganze Zeit visuell, akustisch und seelisch mit unseren Pferden verständigen können und dies auch dauernd praktizieren. Wir verstehen jederzeit, was sie sagen, und sie verstehen, was wir sagen. Es ist so, als ob wir als Engländer Französisch sprechen und verstehen könnten. Aber auch wenn man eine Sprache sehr gut beherrscht, schleichen sich ab und zu kleine Fehler in die Grammatik ein, und so kann es eben auch vorkommen, daß wir einmal im Gebrauch der Pferdegrammatik danebengreifen.

10 Telepathie in der Pferdesprache

Für die meisten Menschen ist Telepathie nur eine der Formen, in denen außersinnliche Wahrnehmung sich manifestieren kann. Unserer Überzeugung nach stimmt das nicht, weil sich Telepathie dadurch von ASW unterscheidet, daß es sich bei dem Gegenstand der Übermittlung um vor dem geistigen Auge entstehende *Bilder* handelt, also ein intellektueller Prozeß in Gang gesetzt wird, während mittels ASW Stimmungen, Emotionen, Gefühle und nur begrenzte Gedanken übertragen werden. Es ist ein rein emotionaler Vorgang, und die Reaktion ist rein automatisch.

Eine telepathische Verständigung kommt leichter zustande, wenn die Tiere der gleichen Gattung angehören; unbedingt notwendig ist es jedoch nicht. Bei den Menschen kommt Telepathie zwischen zwei Personen normalerweise dann zustande, wenn sie geistig und gefühlsmäßig, möglichst auch noch physisch, Kontakt miteinander haben. So verhältnismäßig häufig Telepathie im Alltag auch vorkommt, so schwer läßt sie sich nachweisen. Es handelt sich um eine spontane Reaktion. Zwei Personen können z. B. gleichzeitig an die gleiche Sache denken, aber es läßt sich in keiner Weise beweisen, ob dabei Telepathie im Spiel war oder reiner Zufall. Manchmal denkt man an einen Ort, den man gut kennt, und stellt später fest, daß sich genau um diese Zeit ein Verwandter oder naher Freund dort aufhielt. Wenn man aber nicht ausdrücklich die Zeit und alles, was um diese Zeit geschah, festgehalten hat – was man gesehen hat, was man dabei dachte – läßt es sich fast unmöglich beweisen. Und selbst wenn sich die Gleichzeitigkeit beweisen läßt, ist damit noch lange nicht bewiesen, daß es kein Zufall war. Wenn man sich wirklich die Mühe solcher Aufzeichnungen machte, würde man vermutlich feststellen, daß diese «Zufälle» rein von der Zahl her – zwei- bis dreihundert Mal im Verlauf eines Lebens – kaum noch als solche wahrscheinlich sind. Telepathische Verständigung hieb- und stichfest zu beweisen, bleibt jedoch nach wie vor ein äußerst schwieriges Problem.

Es kommt sehr häufig vor, daß jemand sagt: «Ich muß den Hund füttern», und daß der Hund fast im gleichen Augenblick auftaucht. Bei Menschen, die mit ihren Tieren sehr verbunden sind, wird das fast jeden Tag der Fall sein. Eine Bekannte von mir zog zu ihrer Mutter, und nachdem sie ein paar Monate in deren Haus gelebt hatte, begann sie sich zu wundern, wieso immer der Tee fertig war, wenn sie nach Hause kam. Entweder hatte das Wasser schon gekocht oder es stand kurz vor dem Kochen. Es war keine Frage der Uhrzeit, denn meine Bekannte war Krankenschwester, und wann sie aus dem Krankenhaus zurückkam, hing ausschließlich von der Schicht ab, der sie zugeteilt wurde. Verblüfft fragte sie ihre Mutter, wie sie das fertigbringe. Ihre Mutter sagte: «Ach, das ist ganz einfach. Ich weiß, daß Jojo zehn Minuten, bevor du nach Hause kommst, aufsteht und aufgeregt herumrennt. Sie geht von ihrem Korb zum Fenster, und sie steht am Fenster, bis du hereinkommst. Sobald Jojo zum

Fenster geht, setze ich den Tee auf.» Mit der Zeit kam sie dahinter, daß Jojo es wußte, wenn sie eine bestimmte baumbestandene Straße hinunterging, etwa eine Viertelstunde von zu Hause entfernt. Eine visuelle oder akustische Wahrnehmung durfte man in diesem Fall ausschließen, weil sie zu diesem Zeitpunkt noch gut anderthalb Kilometer von zu Hause entfernt war. Der Hund konnte das nur durch Telepathie wissen. So etwas kommt viel häufiger vor, als uns bewußt ist.

In der Sowjetunion ist Telepathie schon seit längerer Zeit ein ernsthaftes wissenschaftliches Forschungsgebiet. Ein Standardexperiment aus der Vielzahl der dort durchgeführten Versuche sieht so aus: Zwei Personen befinden sich in zwei getrennten Räumen. In jedem Raum stehen zwei Tische, auf einem davon liegen Gegenstände verschiedener Form und Farbe. Der «Sender» nimmt die Gegenstände nacheinander auf und legt sie auf den zweiten Tisch. Dann versucht sein Partner, der «Empfänger» im anderen Raum, die Gegenstände in genau derselben Reihenfolge aufzunehmen und auf seinen zweiten Tisch zu legen. Bei aufeinander abgestimmten Personen liegt die Erfolgsquote bei etwa sechzig Prozent.

Im Westen ist die Telepathie hauptsächlich deshalb in Verruf geraten, weil sie als angebliche Basis für die Gedankenlese-Tricks von Varietékünstlern herhalten mußte. Einige dieser Vorführungen waren zweifellos echt, aber die meisten beruhten auf Täuschungen. In letzter Zeit interessiert sich die Wissenschaft jedoch immer stärker für dieses Gebiet. Anscheinend hat der moderne Mensch die Fähigkeit, eine bildliche Vorstellung zu übermitteln, fast völlig verloren, wahrscheinlich weil es die erste Eigenschaft war, die er nicht mehr benutzte, nachdem er sprechen gelernt hatte. Wenn man etwas sprachlich beschreiben kann, braucht man keine Gedankenbilder mehr zu übertragen. Bei einigen primitiven Stämmen hat sich die Fähigkeit jedoch erhalten, und Laurens van der Post hat bekanntlich bei seinen Reisen zu den südafrikanischen Buschmännern beobachtet, wie ein Medizinmann die Höhlenzeichnung einer Antilope betrachtete, in Trance verfiel und dann so genau beschrieb, wo sich die Antilope befand, daß die Jäger nur noch hinzugehen und sie zu töten brauchten.

Manchmal scheint die Fähigkeit aber auch im zivilisierten Menschen zu überleben, und zwar in Zeiten von erhöhtem Streß. Mir sind fünf Fälle von Telepathie bekannt, die mit Autounfällen zusammenhingen. In drei Fällen ist allerdings schwer zu entscheiden, ob es sich um Telepathie oder ASW handelte. Es läßt sich kaum mit absoluter Sicherheit feststellen, wenn man jemanden später danach fragt, ob er tatsächlich den Unfall gesehen hat oder einfach unter einem ungewöhnlichen emotionellen Streß stand. In zwei Fällen aber wurde mir der Unfall beschrieben, bevor der Betreffende wußte, daß er sich tatsächlich ereignet hatte. Einmal wußte meine Frau acht Stunden, bevor sie die Nachricht davon erhielt, daß ihre Eltern einen Unfall gehabt hatten. Im andern Fall erzählte ein Bekannter einem Freund von mir, daß die Eltern dieses Bekannten gerade einen Unfall hätten, und wie sich herausstellte, verunglückten sie genau in diesem Augenblick in etwa dreißig Kilometer Entfernung.

Darum handelt es sich bei Telepathie: um die Übertragung einer bildlichen Vorstellung. Ich habe schon berichtet, wie ich entdeckte, daß ich Weeping Roger dahin lenken konnte, wohin ich wollte, wenn ich nur daran dachte. Ich konnte ihn links herum, rechts herum oder geradeaus reiten, wenn ich mir nur die Straße vorstellte. Das war das erste Mal, daß ich bewußt eine telepathische Verbindung mit einem Pferd erlebte. Da ich ihn jeden Tag eineinhalb bis zwei Stunden arbeitete, ihn fütterte, seine Box ausmistete und ihn zweimal am Tag putzte, war ich jeden Tag drei bis vier Stunden mit ihm zusammen, ganz zu schweigen davon, daß ich dreißig bis vierzig Mal an seiner Einzelbox vorüberging, wenn ich zu den Kühen und wieder zurückging. Diese Nähe verstärkte die große Affinität, die wir füreinander verspürten.

Nach diesem Erlebnis merkte ich, daß ich auch andere Pferde auf telepathischem Weg davon abhalten konnte zu scheuen: Wenn ich dachte, das Pferd würde gleich vor irgendetwas scheuen, schaute ich das betreffende Objekt intensiv an, und das Pferd sah es so, wie es wirklich war – ein Stein war ein Stein und kein Tiger vor dem Sprung, ein Stück Papier war ein Stück Papier und kein Adler, der gleich auf das Pferd herunterstürzen würde. Das ist ein ganz einfacher Trick, weil ein Pferd nämlich einen Gegenstand nicht immer richtig erkennen kann, besonders wenn es ihn nur aus dem Augenwinkel sieht. Sein natürlicher Instinkt befiehlt ihm, alles zu meiden, was ungewöhnlich oder gefährlich aussieht. Wenn das Pferd jedoch eine enge geistige Verbindung zu seinem Reiter hat, kann der Reiter das Objekt *für das Pferd* ansehen, und dann wird auch das Pferd es so sehen, wie es wirklich ist, und es wird die Sicherheit des Reiters übernehmen.

Etwa um die Zeit, in der ich mit Roger arbeitete, wurde ein Schimmelwallach zu mir geschickt, der kaum noch zu reiten war, weil er andauernd scheute. Sein Besitzer konnte nichts dagegen tun. Er wurde von Ascot mit der Bahn geschickt, und ich holte ihn in Axminster vom Bahnhof ab und ritt ihn nach Hause. Zu meiner Überraschung scheute er nicht ein einziges Mal. Er war ungefähr zwei Monate bei mir, ging die ganze Zeit vollständig ruhig und scheute überhaupt nicht. Ich schickte ihn seinem Besitzer zurück, der sehr glücklich mit ihm war, aber nach zwei Monaten rief er mich erneut an und sagte, das Pferd scheue zwar nicht mehr, aber jetzt lasse es sich vom Hufschmied nicht mehr die Füße aufheben, wenn es beschlagen werden solle. Des Rätsels Lösung war, daß es sich um ein Pferd mit sehr ausgeprägtem Willen handelte, das einem eher schwachen und nervösen Reiter gehörte. Der Schimmel dachte sich einfach einen Trick nach dem anderen aus, um die Oberhand zu behalten. Als er merkte, daß er seinen Besitzer zu Tode erschrecken konnte, wenn er scheute, machte er sich das Scheuen zur Gewohnheit. Als ich ihn aber von Axminster abholte, wußte ich, daß er leicht scheute, und achtete deshalb sorgfältig darauf, daß er alles sah. Ich war nicht im geringsten beunruhigt, und bis wir zu uns nach Hause kamen, hatte er das Scheuen vollständig vergessen. Als er zu seinem Besitzer zurückkehrte, war er voll und ganz davon geheilt, aber dann begann er, Schwierigkeiten beim Füßeaufheben zu machen, als er merkte, daß er seinen Besitzer erschrecken konnte, wenn er mit einem Hinterfuß in der Luft herumwedelte.

Er glich einem ungezogenen Schuljungen, der hinter einem ängstlichen Menschen aus seinem Versteck springt und «buh» macht. Er hatte einfach einen etwas infantilen Sinn für Humor.

Einen weiteren Beweis dafür, daß Pferde in Bildern denken können, lieferte Cork Beg. Ihn konnte man nämlich in seinem Stall halten, wenn man einfach ein Stück Schnur vor die Türe spannte, und da er die Schnur als Barriere betrachtete und die Barriere sehen konnte, kam er nicht heraus. Oft machten wir uns nicht einmal die Mühe, die Schnur vorzuspannen. Dann geschah es eines Tages, daß Cork Beg, der wie alle unsere Pferde ungeheuer neugierig war, bei offener Tür in dem Eisenbahnschuppen stand. Meine Frau sprach auf der Straße mit jemandem, und Cork Beg konnte sie nicht sehen. Er wollte sie aber gern sehen, also streckte er den Kopf heraus, aber es ging immer noch nicht. Er lehnte sich weiter vor. Es reichte noch nicht, also lehnte er sich noch weiter vor. Wenn er nicht gedacht hätte, daß es eine Barriere gäbe, hätte er einfach herausmarschieren können, denn die Tür stand weit offen. Er dachte aber, die Barriere wäre da, und lehnte sich immer weiter nach vorn, bis er das Gleichgewicht verlor und auf die Nase fiel! Ich mußte ihn wieder zurückschaffen. Er konnte die nur in seiner Einbildung vorhandene Barriere nicht überwinden, bis meine Frau ihm ein Halfter überstreifte und so seine geistige Barriere beseitigte. Dann ließ er sich durch die Stalltür führen.

In Freiheit benutzen Pferde ihre telepathischen Fähigkeiten dazu, ihre Gefährten zu Futter- oder Wasserstellen zu leiten oder ein Pferd über beträchtliche Entfernungen zu einem anderen zu führen. Mittels Telepathie teilt sich bei Gefahr auch eine Herde in verschiedene Gruppen auf, was sich leicht demonstrieren läßt, wenn man zwei Ponys, die sich nicht gern fangen lassen, in einer Ecke der Weide in die Enge treibt. Unweigerlich rennt eines links und das andere rechts vorbei. Gleichzeitig auf derselben Seite durchzukommen, versuchen sie nur, wenn sie anders keinen Platz haben.

Diese Fähigkeit, Bilder zu übermitteln, wurde uns bei mehr als einer Gelegenheit recht dramatisch vor Augen geführt. Cork

Beg war auf der nächst dem Haus gelegenen Weide und konnte sehen, wenn wir zur Futterkammer hinübergingen. Dann bullerte er und sagte: «Wo zum Kuckuck bleibt mein Frühstück.» Wir fütterten ihn dann, und wenn wir fünf oder zehn Minuten später dorthin gingen, wo wir die anderen Pferde sehen konnten, die etwa drei- bis vierhundert Meter weit weg waren, konnten wir fast sicher sein, daß sie alle am Tor standen und ihr Frühstück verlangten, obwohl sie weder uns noch Cork Beg gesehen haben konnten. Ganz sicher sind wir nicht, daß es sich dabei um Telepathie handelte, aber wir halten es für wahrscheinlich. Es hätte auch ein Fall von ASW sein können, und deshalb machten wir keinen Demonstrationsversuch daraus. Eines der frühesten Experimente zum Beweis von ASW führten wir mit zwei kleinen Ponys durch, die sich besonders schwer fangen ließen. Wir trieben sie gewöhnlich auf einer Weide in die Enge und notierten, welches rechts und welches links vorbeirannte, weil wir es für möglich hielten, daß sie aus Gewohnheit immer die gleiche Richtung einschlugen, aber es ergab sich keinerlei Anhaltspunkt dafür, welches Pony in welche Richtung laufen würde. Eine interessante Einzelheit stellten wir bei diesem Experiment allerdings fest: Wenn es uns gelang, sie zu stoppen, wenn sie versuchten, an uns vorbeizuschießen, wechselten sie die Seiten. Das Pony, das eben nach links gelaufen war, versuchte, nach rechts zu laufen und umgekehrt. Damals maßen wir der Sache keine besondere Bedeutung zu, aber es ist sehr gut möglich, daß hierbei ein telepathisches Element ins Spiel kommt und die Angelegenheit einer gründlicheren Erforschung wert ist.

Bis 1964 war für uns jedenfalls Telepathie mehr oder weniger das gleiche wie außersinnliche Wahrnehmung. Den Unterschied machte uns Charles Thurlow Craig klar. Er erzählte uns, wie er eines Nachts voller Unruhe und Sorge wach geworden war, sich angezogen hatte, hinuntergegangen war, seine Drahtschere und eine Taschenlampe genommen, seine Gummistiefel angezogen hatte und in eine rabenschwarze, stürmische Nacht hinausgegangen war, geradewegs zu der Stelle, wo – mehr als einen halben Kilometer vom Haus – seine Lieblingsstute sich an einer sumpfigen Stelle im Stacheldraht verfangen hatte. Am nächsten Tag sagte er zu mir, als er hinuntergegangen sei, habe er «genau gewußt, wo die Stute war und was passiert war», weil er es «vor seinem geistigen Auge sehen» konnte. Ich schrieb mir damals genau auf, wie er sich ausgedrückt hatte.

Vor zwei Jahren hatte ich selbst ein ähnliches Erlebnis. Ich hatte einen zweijährigen Vollblutwallach namens Royal Boy. Unglücklicherweise war er äußerst musikalisch. Er stand den ganzen Tag außen am Fenster und lauschte dem Radio, und wenn das Radio nicht laut genug war, ging er zum Maschendrahtzaun am Schweinestall hinüber, klopfte mit einem Vorderhuf dagegen und horchte auf das Geklingel, das dadurch entstand. Das machte er manchmal bis zu einer Stunde lang, vollständig fasziniert. Wir sagten immer, er spielt wieder Klavier, und natürlich rutschte er immer wieder mit dem Huf durch eine Masche des Zauns und konnte ihn nicht wieder zurückziehen. Er versuchte es nur einmal, dann stand er still und wartete auf mich, und ich konnte jedesmal vor meinem geistigen Auge seinen Fuß im Drahtzaun stecken sehen, holte die Drahtschere und befreite ihn aus seiner mißlichen Lage. Er wartete immer auf mich, und ich bin sicher, daß er mich vor seinem geistigen Auge kommen sehen konnte. (Normalerweise schlägt ein Vollblüter, dem so etwas passiert, wild um sich und versucht, sich zu befreien, wobei er sich bös verletzen kann.)

Als wir anfingen, uns mit Telepathie zu beschäftigen, merkten wir, daß wir nicht nur beweisen mußten, daß es sie gab, sondern auch, daß sie sich von anderen Formen der außersinnlichen Wahrnehmung unterschied. Wir konnten z. B. einem Tier etwas zeigen, meist einen Eimer Hafer, und die Reaktion eines zweiten Pferdes außer Seh- und Hörweite vermerken. Erhielten wir eine positive Reaktion, schlossen wir daraus, daß ASW in irgendeiner Form im Spiel war. Wir konnten aber nicht daraus schließen, daß es sich um Telepathie handelte. Es kann sein, daß die bildliche Vorstellung von Futter in einem Eimer von einem Tier zum andern übermittelt wurde, und wenn sie übermittelt wurde, würde das zweite Tier eine Reaktion zeigen, nämlich um Futter betteln. Es gibt jedoch keinen Beweis dafür, daß die Verständigung auf telepathischem Weg erfolgte. Wie Sie sich vielleicht erinnern, bewiesen wir mit diesem Experiment die Existenz von ASW, wobei es sich nur um die Übertragung eines Hungergefühls handelte. Also dachten wir uns das «Kitekat»-Experiment aus, wobei uns eine Fernsehreklame für Katzenfutter zu dieser Namengebung inspirierte. Es war das erste telepathische Experiment, das wir durchführten, und unser Versuchstier war der alte Cork Beg.

Im Prinzip war es ganz einfach: Wir boten ihm zwei Behälter an, die beide gleichviel Futter enthielten, und ich hatte ihn mittels Telepathie zu dem Behälter meiner Wahl zu dirigieren. Die Vorbereitung erwies sich jedoch als ziemlich umständlich, weil es so viele Faktoren auszuschließen galt. Ein etwaiger Einfluß von Aussehen oder Geruch der Behälter ließ sich leicht ausschalten, indem wir genau gleiche Behälter mit genau gleichen Futtermengen benutzten. Schwieriger war schon, daß die meisten Pferde, wenn sie sich frei bewegen können, einen Rechts- oder Linksdrall haben, meistens einen Linksdrall. Wenn sie frei eine gerade Linie entlanggehen, weichen sie leicht nach links ab. Cork Beg wich auf einer Strecke von zehn Meter etwa einen halben Meter nach links von der Mittellinie ab. Wir gingen also von seiner Stalltür zehn Meter geradeaus und nahmen den somit erreichten Punkt als Mittelpunkt. Einen Eimer stellten wir fünf Meter links vom Mittelpunkt auf, den anderen vier Meter rechts davon, so daß für Cork Beg kein Grund bestand, irgendeiner Seite den Vorzug zu geben, wenn er aus dem Stall herauskam. Ohne Beeinflussung von unserer Seite suchte er die Eimer ungefähr auf der Basis fünfzig zu fünfzig auf. Damit waren wir bereit, ihn auf das Befolgen meiner telepathischen Befehle zu trainieren, und das erwies sich als verhältnismäßig einfach, wenn auch ziemlich zeitraubend. Jeden Morgen füllte ich einen der beiden Eimer, wartete, bis ich sicher war, eine telepathische Verständigung mit Cork Beg hergestellt zu haben, und stellte mir den Eimer, der das Futter enthielt, bildlich vor. Dann ließ ich ihn heraus. Innerhalb weniger Tage ging er auf direktem Weg zu dem Eimer, zu dem ich ihn leitete, und dieses Experiment führten wir vierzehn Tage lang jeden Tag durch. Da Cork Beg ein sehr intelligentes Tier war, lernte er schnell, daß der Eimer, zu dem ich ihn führte, auch wirklich sein Frühstück enthielt.

Für dieses Experiment mußte ich mich natürlich selbst ebenfalls einem gewissen Training unterziehen, denn ich mußte lernen, mich mit aller Willenskraft völlig auf die bildliche Vorstellung des Eimers zu konzentrieren und mich durch nichts ablenken zu lassen. Außerdem mußte ich ganz sicher sein, daß ich völlig auf Cork Beg eingestimmt war, wenn er morgens aus dem Stall kam. Aber nach diesen Vorbereitungen verlief das Experiment selbst ausgesprochen komplikationslos. Die ersten fünf Tage dirigierte ich ihn abwechselnd nach links und nach rechts. Am sechsten Tag wollte ich sichergehen, daß er sich nicht etwa an die wechselnde Reihenfolge gewöhnt hatte, und dirigierte ihn wieder zu dem linken Eimer. Am siebten Tag dirigierte ich ihn zum linken Eimer und am achten Tag ebenfalls. D. h., ich dirigierte ihn vier Tage lang zu dem Eimer, für den er schon von Natur aus eine Vorliebe hatte. Am neunten Tag kam das schwierigste Experiment von allen. Vier Tage hintereinander hatte er sein Frühstück aus dem linken Eimer geholt, und am neunten Tag wollte ich, daß er zum rechten Eimer überwechselte. Zu meiner großen Erleichterung ging er geradewegs hinüber. Nach diesem Erfolg fand er sein Futter am zehnten Tag wieder im rechten Eimer, am elften im linken und am zwölften im rechten. Er ging jeden Morgen auf geradem Weg zum richtigen Eimer.

Insgesamt brauchten wir zur Vorbereitung und zum Training etwa einen Monat; das Experiment selbst dauerte zwölf Tage. Zur korrekten Durchführung dieses Experiments ist vollständige Konzentration nötig. Das Bild des in dem betreffenden Eimer liegenden Futters muß Ihnen deutlich vor dem geistigen Auge stehen, und vor allem müssen Sie spüren, daß Sie in Gedankenverbindung mit Ihrem Pferd stehen. Die winzigste Kleinigkeit kann ablenkend wirken. Durch Ihr Blickfeld braucht nur einen Augenblick lang ein Vogel zu fliegen, und Ihre Konzentration ist für fünf Minuten unterbrochen. Wenn jedoch alle Bedingungen erfüllt sind und die telepathische Kommunikation mit dem Pferd restlos hergestellt ist, bietet das Experiment selbst keinerlei Schwierigkeiten mehr. Wir erzielten einen hundertprozentigen Erfolg, dabei hätten wir einen sechzig- oder siebzigprozentigen Erfolg schon als positives Ergebnis gewertet.

Alle von uns durchgeführten Experimente sind in sich selbst nicht schwierig. Sie wurden so angelegt, daß sie einfach und billig durchzuführen sind. Wir mußten all unsere Forschungsarbeit aus der eigenen Tasche bezahlen, und deshalb haben wir die Versuche so ausgewählt, daß wir die schon vorhandenen Tiere, die Gebäude und deren Anordnung dazu verwenden konnten. Wir konnten es uns nicht leisten, extra für unsere Versuche Gebäude zu erstellen oder teures elektronisches Gerät zu kaufen, das unsere Arbeit wahrscheinlich vereinfacht hätte. Diese Einfachheit hatte aber gerade zur Folge, daß wir bei unseren Vorbereitungen und der Auswahl der Pferde äußerste Sorgfalt walten lassen mußten.

Was die Verständigung mittels Zeichen und Lauten angeht, haben wir uns zu ihrer Erforschung so elementarer Mittel wie unserer eigenen Beobachtungsgabe bedient. Wir sahen ein bestimmtes Zeichen und versuchten, seine Bedeutung zu interpretieren. Dann sahen wir, wie dieselbe Botschaft erneut benutzt wurde, und damit wurde unsere Interpretation entweder bestätigt, oder unser Denken wurde in eine neue Richtung gelenkt. Nach einiger Zeit wurden uns die Zeichen und Laute des betreffenden Pferdes durch die lange Beobachtung vollständig vertraut. Wenn wir selbst uns mit dem Pferd verständigen wollten, versuchten wir, die von dem Pferd verwendeten Zeichen und Laute nachzuahmen.

Die Experimente zum Beweis der außersinnlichen Wahrnehmung sind an und für sich einfach, das Wichtigste und Schwierigste war, zwei aufeinander abgestimmte Pferde zu finden. Bei der Telepathie liegt die Schwierigkeit jedoch schon darin, entsprechende Experimente zu erfinden. Spontane Telepathie ist zwar gar nicht so selten, die Schwierigkeit ist nur, sie auch zu beweisen. Da die telepathische Verständigung spontan erfolgt, läßt sie sich nicht unter kontrollierten Bedingungen wiederholen, und es ist extrem schwierig, genaue Angaben darüber zusammenzustellen.

Wir konnten dieses Problem auf die folgende Art überwinden: Eine telepathische Mitteilung läßt sich dadurch verifizieren, daß das Ereignis bis auf die Viertelstunde genau zeitlich festgehalten wird. Es wird aufgeschrieben, wann eine bildliche Vorstellung empfangen wurde, und das Pferd, von dem die Mitteilung ausgeht, muß vom Empfänger identifiziert werden. Meine Aufzeichnungen befinden sich meist auf der Rückseite von Zigarettenpackungen, denn Zigaretten habe ich immer in der Tasche, ein Notizbuch aber nur selten. Ein Beispiel für ein auf diese Weise festgehaltenes Ereignis: Am 19. Januar 1972 saß ich um 13.45 Uhr in meinem Wagen auf dem Parkplatz in Llandeilo. Es war sehr kalt und klar, wenn auch leicht bewölkt, und plötzlich konnte ich vor meinem geistigen Auge meine Frau sehen, wie sie mit den beiden Labradors in einem Schneesturm die Straße zu einer Koppel hinunterging. Auf der Koppel konnte ich meine Schimmelstute Iantella und Rostellan, das zweite Pferd meiner Frau, sehen, nicht aber den alten Cork Beg, und deshalb wußte ich, daß ich eine telepathische Botschaft von Cork Beg erhielt, und machte mir eine Notiz. Als ich eineinhalb Stunden später nach Hause kam, bestätigte mir meine Frau, daß das Wetter unsicher ausgesehen habe und sie deshalb die Pferde hereinholen wollte. Als sie zur Koppel ging, hatte es angefangen zu schneien, und sie bestätigte auch, daß sie beide Hunde dabei gehabt hatte. Sie wußte auch, daß es etwa 13.40 Uhr gewesen war, als sie aus dem Haus gegangen war, weil sie um zwei Uhr in der Leihbücherei sein mußte. Da ich das Ereignis schriftlich festgehalten hatte, wußte ich, daß ich eine telepathische Mitteilung von Cork Beg erhalten hatte. Wie man sieht, besteht das Problem einmal darin, den Vorfall selbst festzuhalten, sobald man die Mitteilung erhält, und zum anderen – und das ist viel schwieriger – eine zweite Person zu finden, die daran beteiligt war und sich ebenfalls die Zeit gemerkt hat. Wahrscheinlich lassen sich nicht mehr als zehn Prozent aller telepathischen Mitteilungen auf diese Art verifizieren, nicht einmal von Meistern ihres Faches.

Wir haben drei Vorfälle aufgezeichnet, die sich über Entfernungen zwischen 24 und 28 Kilometer abspielten. Die längste Strecke, über die wir eine telepathische Mitteilung empfingen, war etwa 380 Kilometer, aber wir konnten den Vorfall nicht als gesichert werten, weil sich die eine Person, die mit dem Pferd zusammengewesen war, nachher nur daran erinnern konnte, daß es «später Nachmittag» gewesen sei, so daß sich die Zeit nicht genau festlegen ließ. (Es ging um eine Stute, die gedeckt werden sollte. Die Besitzerin der Stute «sah» den Hengst irgendwann zwischen 16.45 und 17.00 Uhr. Als sie abends anrief und sich erkundigte, sagte man ihr nur, die Stute sei «nach dem Tee» gedeckt worden.) Außerdem kennen wir drei Menschen, die wußten, wann ihre Pferde starben. Der erste war ein Freund von mir. Er besaß ein altes Pferd, und als er in Urlaub war, mußte sich seine Frau entschließen, es töten zu lassen. Er machte gerade ein Mittagsschläfchen, als er mit dem Gefühl aufwachte, sein ganzer Kopf explodiere in einem grellen Blitz. Als er am nächsten Tag nach Hause kam, erfuhr er, daß das Pferd etwa um diese Zeit getötet worden war. Er sagte mir später, es sei ein sehr unheimliches und seltsames Erlebnis gewesen. Der zweite Fall ereignete sich letzten Oktober, als Cork Beg sehr krank war. Wir wußten, daß er sich nicht mehr erholen würde, und um halb drei Uhr nachts weckte mich meine Frau und sagte: «Der alte Herr stirbt.» Sie war davon aufgewacht, daß sie ihn auf einer sehr grünen Wiese in völligem Frieden grasen sah. Wir zogen uns etwas über und gingen hinunter, und als wir in den Stall kamen, tat das alte Pferd gerade seinen letzten Atemzug. Die dritte war eine Bekannte, die genau um die Zeit in Ohnmacht fiel, als ihr Pferd sieben Kilometer entfernt getötet wurde.

Über den Raum, den die Telepathie bei der Verständigung der Pferde untereinander einnimmt, sind wir uns selbst noch nicht ganz im klaren, da in diesem Fall Telepathie und ASW sehr schwer voneinander zu trennen sind. Auch wir haben dieses Thema noch nicht völlig im Griff. Aber auf jeden Fall können wir mit nahezu völliger Sicherheit sagen, daß wir verstehen, was unsere Pferde zu uns und untereinander sagen, und daß wir uns unseren Pferden verständlich machen können. Da ich prakti-zierender Pferde-Erzieher bin, setze ich alles Wissen, das ich mir aneignen kann, für die Behandlung und das Training meiner Pferde ein, und so benutze ich Telepathie und ASW, ob ich nun an einem Jagdrennen, einer Prüfung für Jagdpferde oder einer Kurzvielseitigkeit teilnehme. Und weil ich Gebrauch von diesen Dingen mache und sie verstehe, erziele ich mit meinen Pferden auf Turnieren Leistungen, die andere nicht für möglich halten. Letzten Sommer z. B. griff ich mir einer Wette zuliebe einen völlig rohen Fünfjährigen, der noch nicht einmal wußte, was ein Halfter war, und innerhalb von 32 Tagen, zwischen dem 16. August und dem 17. September, nahm ich mit ihm an einer Materialprüfung teil, ritt ihn auf der Jagd und startete mit ihm in Jagdpferdeprüfungen. Am dreißigsten Tag gewann ich die Kurzvielseitigkeit für Anfänger eines Reitclubs mit ihm. Dabei blieb er nur acht Punkte unter dem besten Dressurergebnis und ging fehlerlos durchs Gelände und durch den Springparcours. Natürlich handelte es sich um ein besonders gutes Pferd, sehr aufnahmefähig und leicht zu behandeln. Ich bekam sofort Ver-bindung zu ihm – das war auch in erster Linie der Grund, warum ich die Wette annahm!

II Die praktische Bedeutung unseres Wissens

Welchen Gebrauch wir von unserer Fähigkeit machen, Pferde zu verstehen und uns mit ihnen zu verständigen, läßt sich am besten anhand unserer sogenannten sanften Methode («gentling») verdeutlichen, die wir für den Umgang mit und die Ausbildung von rohen und ungerittenen Pferden entwickelt haben. Wir nennen diese Methode auch den «leichten Weg», ein Pferd aus-zubilden, weil es dem Menschen die Ausbildung eines Pferdes erleichtert, wenn das Pferd von Anfang an versteht, was man von ihm will. Er ist leicht auch für das Pferd, weil der Mensch sich der Kommunikationsmittel bedient, die das Pferd versteht. Leicht bedeutet nicht, daß es schneller geht oder weniger Arbeit kostet – bis das Ziel erreicht ist, dauert es genauso lang und kostet genauso viel Arbeit wie nach den herkömmlichen Methoden. Einfacher ist es aber, weil es weniger Verwirrung mit sich bringt und Reiter und Pferd sich eine Menge Streitigkeiten ersparen können; wir denken immer, daß es dem Pferd auf diese Art viel mehr Spaß macht. Statt zu sagen «Du hast verdammt noch mal zu tun, was ich will», sagen wir «Wir wollen dies oder jenes tun». Die menschliche Parallele wäre etwa der Unterschied zwischen einem Feldwebel, der seine Mannschaft drillt, und einem Kinderfreund, der ein paar Kinder mit auf einen Spaziergang nimmt.

Wenn wir mit unserer sanften Methode arbeiten, tun wir die Dinge nur so, daß ein Pferd sie von Natur aus verstehen kann. Wenn man sich z. B. einem Wildpferd von hinten nähert, weicht es nach vorn aus, nähert man sich jedoch von vorn, weicht es zurück. Das ist ganz einfach und logisch – nach diesem Prinzip haben wir die natürliche Reaktion auf fast jede Handlung erfaßt, und da wir uns die ganze Zeit der Kommunikationsmittel der Pferdesprache bedienen, versteht das Pferd, was von ihm erwartet wird.

Im Lauf eines Jahres bilden wir dreißig bis vierzig Pferde nach unserer sanften Methode aus. Manche sind mit Menschen aufgewachsen, andere sind sechs-, sieben- oder achtjährige Hengste und Stuten, die nicht einmal ein Halfter kennen und noch nie mit Menschen in engere Berührung gekommen sind; mit anderen haben andere Leute schon ihr Glück versucht und nichts erreicht. Es sind auch immer ein paar wirklich bösartige und schwer zu behandelnde Pferde darunter, mit denen niemand sonst etwas anfangen kann.

Das wahre Verdienst unserer Methode und der Art, wie wir Pferde verstehen und ausbilden, wird vielleicht am deutlichsten bei der Ausbildung der Wildpferde, die wir selbst in den Bergen fangen. Die meisten sind kaum je mit Menschen in Berührung gekommen und vollständig wild. Die meisten stammen aus unserem eigenen Berg, einem Gebiet von zehn bis zwölf Quadratkilometer, an das sich ein Waldgelände von mehr als vier Quadratkilometer anschließt, so daß den Pferden ein Gebiet von fast zwanzig Quadratkilometer zur Verfügung steht.

Die meisten Menschen werden es für so gut wie unmöglich halten, ein ungezähmtes Wildpferd aus einem offenen Gelände dieser Größenordnung herauszufangen. In Wirklichkeit ist es jedoch verhältnismäßig einfach. Eine bestimmte Herde hat immer nur ein Gebiet von etwa einem Quadratkilometer zum Grasen. Die Pferde haben ihre angestammten Wechsel und Gewohnheiten beim Grasen, sind an bestimmte Schlafplätze gewöhnt, stellen sich bei schlechtem Wetter an einem bestimmten Ort unter, haben ihre gewohnten Futter- und Wasserstellen. Werden die Pferde erschreckt, flüchten sie normalerweise immer in dieselbe Richtung und kommen an derselben Stelle zum Stehen.

Als erstes beobachten wir also die Gewohnheiten der Herde, zu der das Pferd gehört, das wir haben wollen, zwei oder drei Wochen lang. Wir beobachten, wo es grast, wo es zur Tränke geht, wo es ruht und wo es die Nacht verbringt, besonders aber achten wir darauf, wohin es sich bei schlechtem Wetter begibt, denn bei rauhem, stürmischem Wetter grasen die Pferde nicht oben auf der unbewaldeten Spitze des Berges. Normalerweise grast die Herde über eine Fläche von etwa zwölf Hektar, aber bei Sturm und Regen drängen sich alle an einem bestimmten Platz zusammen, normalerweise an einem Bergrücken oder in einem Winkel im Wald. Sobald wir wissen, wohin dann die Pferde gehen, warten wir eine stürmische, regnerische Nacht ab, gehen sehr früh am Morgen dorthin und treiben die Pferde ganz langsam in den nächsten Farmhof.

Das ist einfacher, als es klingt, denn die Pferde sind verfroren, fühlen sich ungemütlich und bleiben aus eigenem Antrieb zusammen. Wir gehen nicht sehr nahe heran. Sobald sie uns sehen, fangen sie an, sich von uns wegzubewegen. Wir gehen langsam hinter ihnen her, halten Abstand, drängen sie aber langsam in die

von uns gewünschte Richtung. Beim Wildpferdefang rennen wir
nie in Aufregung, schreien nie herum. Wir sind entspannt, ruhig,
bewegen uns langsam und sprechen die ganze Zeit mit den
Pferden, so daß sie ebenfalls ruhig und entspannt sind. Wir gehen
nie zu nahe heran und lassen es nicht soweit kommen, daß sie
traben. Langsam und vorsichtig treiben wir sie über eine geeignete Straße oder einen passenden Weg in den Hof. Die Pferde
gehen ganz ruhig und zufrieden in den Hof hinein, und dann
treiben wir sie langsam in ein Gebäude. Das dauert manchmal
einige Zeit, aber man darf nie die Geduld verlieren. Als erste
streckt eine alte Stute – die Leitstute – den Kopf in das Gebäude,
dann geht sie hinein, und ihr Fohlen folgt. Dann gehen auch die
anderen ganz schnell hinein. Die ganze Zeit über sprechen wir
mit ihnen, in einem freundlichen, gemächlichen Singsang. Die
Pferde werden ein wenig aufgeregt und ängstlich, wenn sie unter
Dach kommen, aber unter dem Einfluß unserer Stimmen beruhigen sie sich sichtlich wieder. Wenn sie entspannt genug sind,
lassen wir die Pferde, die wir nicht brauchen – die Herden zählen
fünf bis höchstens dreißig Mitglieder – einzeln oder paarweise
wieder aus dem Schuppen heraus, bis nur noch die Pferde übrig
sind, mit denen wir arbeiten wollen. Wenn die anderen Pferde
wieder in die Berge zurücklaufen, regen sich die Zurückbleiben-
den fürchterlich auf, weil sie – wahrscheinlich zum ersten Mal in
ihrem Leben – allein sind. Wenn ein Pferd ganz allein übrig bleibt,
rast es wie verrückt herum und schreit, so laut es kann «Wo seid
ihr, wo seid ihr, wo seid ihr hin». Und wenn ich wieder die Box
betrete, gerät es höchstwahrscheinlich in Panik. Es rennt in der
Box herum, drückt sich in die Ecken, tut alles, um möglichst weit
von mir weg zu kommen. Die Erfahrungen, die es bisher mit
Menschen gemacht hat, waren angsterregend, und sein ganzes
Leben lang hat es zwischen sich und jeden Menschen soviel
Abstand wie nur möglich gelegt. Ich mache es mir in einer Ecke
bequem, lehne mich an die Wand und zünde mir eine Zigarette
an. Dabei spreche ich dem Pferd die ganze Zeit ruhig und freundlich zu und zwinge mich selbst zu völliger Gelöstheit. Grad-
weise gelingt es mir, einen «Draht» zwischen ihm und mir her-

zustellen, weil ich anfange, auf seiner Wellenlänge zu denken. Mittels ASW gelingt es mir allmählich, das Pferd zu beruhigen und zur Entspannung zu bringen. Es dauert gar nicht lange, und es hält eine Weile in der gegenüberliegenden Ecke an. Ich tue gar nichts, und es steht schweratmend da und sieht mich an.

Die Spanier sagen, daß beim Stierkampf der Stier immer wieder in einem bestimmten Abschnitt der Arena Stellung bezieht. Sie nennen ihn «das Stierviertel». Genau das gleiche trifft auch auf Pferde zu. Schließt man ein Pferd in einem beschränkten Raum ein, erklärt es einen bestimmten Teil dieses Raumes zu seinem Revier. Wir nennen das die Pferdeecke innerhalb der Box. Meist ist es die Ecke, die der gegenüberliegt, in der ich stehe, und meist erklärt das Pferd nach ganz kurzer Zeit diese Ecke zu seinem Revier und kehrt jedesmal, wenn etwas es erschreckt oder beunruhigt, dorthin zurück. Sobald es sich in seiner Ecke zurechtgefunden hat, fängt es an, durch die Nüstern zu blasen. Damit will es die Frage ausdrücken: «Wer zum Teufel bist denn du», und ich blase zwei oder drei Töne leiser zurück und sage damit «Wer bist du», als Antwort auf sein «Wer zum Teufel bist denn du». Allmählich wird auch sein Blasen sanfter, und ich blase immer leiser zurück, bis das Pferd schließlich sagt «Wer bist du» und ich statt «Wer bist du» nur noch «Hallo» sage. Wenn auch das Pferd endlich «Hallo» sagt, gehe ich langsam und friedlich darauf zu. Seine Botschaften bewegen sich die ganze Zeit im Bereich des fundamentalen «Hallo», die Bandbreite reicht jedoch vom sehr aggressiven «Wer zum Teufel bist denn du» bis zum einfachen «Hallo».

Sobald das Pferd mich so weit akzeptiert hat, daß es mich wie einen zufälligen Bekannten grüßt, kann ich zur nächsten Stufe unserer sanften Methode übergehen. Ich gehe langsam auf das Pferd zu, Schritt für Schritt, und warte nach jedem Schritt, bis es wieder ruhig ist. So nähere ich mich ihm allmählich auf Reichweite. Ich blase abwechselnd durch die Nase und rauche meine Zigarette, und die ganze Zeit erzähle ich ihm etwas: «So ist er brav, so ist er brav, ein ganz braves Kerlchen bist du.» Außerdem versuche ich, seinen neutralen Punkt zu erreichen, d. h. den

Punkt, an dem für das Pferd kein Grund besteht, vor- oder zurückzugehen. Wenn ich zu seinem Kopf gehe, weicht es zurück, wenn ich mich von hinten nähere, geht es vorwärts, aber irgendwo dazwischen, normalerweise im ersten Drittel des Körpers, gibt es einen neutralen Punkt. Vielleicht erschrickt es vor mir oder vor irgend etwas sonst, während ich mich nähere, und es kann sein, daß es wieder anfängt, in der Box herumzurasen. In diesem Fall gehe ich in meine Ecke zurück, und wir fangen wieder von vorn an. Diesmal dauert es schon nicht mehr so lange, bis das Pferd sich beruhigt, und schließlich bin ich nahe genug, um seinen Körper gerade eben mit den Fingerspitzen berühren zu können. Dann lasse ich meine Fingerspitzen langsam kreisen. Das ist bei Pferden sehr wichtig. Wenn ein Fohlen Angst bekommt, läuft es zur Mutter, und diese liebkost es mit der Nase. Diese Bewegung nachzuahmen, hat eine sehr beruhigende Wirkung auf Pferde. Ich sage damit: «Es ist alles in Ordnung, niemand tut dir etwas.» Auch wenn sich zwei Pferde begegnen, strecken sie nur die Köpfe vor und berühren sich mit der Nase. Manchmal berühren sich Nase und Nase, manchmal berührt eines das andere an der Seite. Gleichzeitig blasen sie sich an, oder eines bläst, während das andere es mit der Nase berührt. Damit sagen sie: «Wer bist du, wo kommst du her.» Wenn keines eine feindselige Bewegung macht, gehen sie näher aneinander heran, und genau das tue ich auch. Ich streichle das Pferd erst mit den Fingerspitzen, dann mit der ganzen Hand und arbeite mich langsam dichter heran. Ich rede in gleichmäßigem Ton weiter, bis mein Körper den Pferdekörper berührt. Dann schiebe ich langsam einen Arm über seinen Rücken bis zur anderen Seite, wobei ich ihn so schwer wie möglich mache. Das bedeutet «Du bist ganz sicher, ich bin bei dir». Wenn zwei Pferde oder auch mehrere Angst haben, drängen sie sich aneinander und schieben Hälse und Köpfe kreuzweise übereinander. Damit beruhigen und ermutigen sie sich gegenseitig. Sie sagen «Mach dir keine Sorgen, du bist ganz sicher, ich bin ja hier», und die Ruhe der ausgeglicheneren, weniger leicht zu erschütternden Pferde überträgt sich auf die ängstlichen und nervösen. Dazu sind Menschenhälse zwar zu kurz, aber ich kann die Bewegung mit Arm und Hand nachmachen. Ich benutze meine Fingerspitzen wie ein Pferd seine Nase, die ganze Hand, wie ein Pferd seinen Kopf benutzt, und meinen Arm wie ein Pferd seinen Hals, so daß das Pferd alles versteht, was ich in diesem Stadium sage.

Bis zu diesem Punkt habe ich drei der vier Kommunikationsmethoden benutzt, nämlich meine Stimme, um das Pferd zu beruhigen, Zeichen und ASW. Aber die ganze Zeit verstand das Pferd, was ich sagte und was ich eigentlich tat, weil ich mich derselben Sprache bediente, die auch ein anderes Pferd benutzen würde, und weil ich nur Dinge tat, an die es gewöhnt war. Zu keinem Zeitpunkt habe ich das Pferd gezwungen, etwas zu tun; es konnte jederzeit von mir weggehen. Zu keinem Zeitpunkt – außer dem Augenblick, als ich zum erstenmal die Box betrat – hatte es Angst, und ich habe es in keiner Weise irgendwie zu einem Kampf kommen lassen. Wenn ich so weit gekommen bin, lasse ich das Pferd normalerweise erst einmal zwei bis drei Stunden allein, gebe ihm zu fressen und gehe selbst etwas essen. Danach komme ich zurück und wiederhole den ganzen Vorgang noch einmal. Nach zwei oder drei Tagen hat mich das Pferd als weiteres Pferd akzeptiert. Das Geheimnis der Methode liegt darin, daß man das Pferd soweit bringen muß, daß es selbst tun möchte, was es tun soll. Ein junges Pferd ist wahrscheinlich neugierig und nervös und braucht viel Ermutigung. Die erhält ein Fohlen von seiner Mutter, wenn sie es so mit der Nase liebkost, wie ich es mit meinen Fingern tue. Die Mutterstute sagt damit ihrem Fohlen, daß alles in Ordnung ist. Mit meinen Fingern gebe ich ihm die gleiche Beruhigung. Wenn ein Pferd nicht die Flucht ergreifen kann, sucht es Ermutigung und Beruhigung durch physischen Kontakt mit seinen Gefährten und drängt sich an sie. Ich gebe ihm diese Beruhigung mit meinem Körper. Zu einem späteren Zeitpunkt lege ich meinen Oberkörper über den Pferderücken. Das erhöht sein Vertrauen, weil es ihm ein Gefühl gibt, als ob ein anderes Pferd sich mit Hals und Kopf über seinen Rücken lehnt. Jedesmal und mit jeder Bewegung sage ich zu ihm «Alles in Ordnung, mach dir keine Sorgen».

Die nächsten acht bis zehn Tage laufen nach einem ziemlich festgelegten Programm ab. Dreimal am Tag bekommt das Pferd Futter und Wasser, und jedesmal beschäftige ich mich zehn Minuten lang nach meiner Methode mit ihm, bis es mich als weiteres Pferd betrachtet und auch so behandelt. Währenddessen merke ich mir, welche Laute und Zeichen das betreffende Pferd zur Übermittlung der siebenundvierzig Botschaften benutzt – im normalen Tagesablauf wird es zwar nur etwa dreißig anwenden. Diese Phase des Zähmens ist beendet, wenn ich morgens aus dem Haus komme und das Pferd seinen Kopf herausstreckt und ruft: «Wo zum Kuckuck bleibt mein Frühstück!» Wenn ich ihm dann das Futter bringe, und es stößt mich zur Seite und bedeutet mir «Geh mir aus dem Weg, du Idiot, ich bin am Verhungern», weiß ich, daß es mich als Pferd betrachtet, mich versteht und mir voll und ganz vertraut. Inzwischen kenne ich auch Temperament und Charakter des Pferdes. Ich weiß, ob es sich um ein nervöses, ängstliches Tier handelt, das dauernd liebevoll überredet und beruhigt werden will, um ein gemütliches, ausgeglichenes Pferd, dem nichts über ein friedliches Leben geht, oder um ein sehr dominierendes und charaktervolles Tier. Das weitere Vorgehen hängt hiervon ab. Bei einem nervösen Tier gehen wir langsam und freundlich vor, bewegen uns immer ruhig und sparen nicht mit Ermutigungen, erzählen ihm z. B. dauernd, was es für ein kluges, gescheites Tier ist. Das ausgeglichene Pferd ist ebenfalls leicht zu behandeln. Etwa jedes fünfte bis achte Pferd, das zu uns kommt, gehört zu den Tieren mit einem sehr starken, dominierenden Charakter, und in diesem Fall geht es nicht ganz ohne eine Portion Disziplin. Vor allem muß ich diesem Pferd klar machen, daß ich der Herdenboss bin, daß ich die Kommandos gebe und nicht das Pferd. Es dauert ein bißchen, bis diese Botschaft sitzt, weil das Pferd in seiner früheren Herde wahrscheinlich der Boss war und daran gewöhnt ist, Befehle zu geben, nicht, sie zu empfangen. Mit ein wenig Zeit und Geduld und unter Verwendung der Sprache, die das Pferd kennt, ist es jedoch in Wirklichkeit ganz einfach, auf eine Art, die das Pferd versteht, für Disziplin zu sorgen.

Für Aufrechterhaltung der Herdendisziplin wird ganz direkt gesorgt, was am leichtesten bei Pferden zu beobachten ist, die zusammen einen Weg entlanggehen. Der Boss (oft eine Stute) geht an der Spitze, und wenn ihr jemand zu nahe kommt oder sie zu überholen droht, fährt ihr Kopf herum und sie droht, dem Herausforderer mit den Zähnen einen Stoß zu versetzen. Gleichzeitig legt sie die Ohren an und sagt: «Zurück, du gräßlicher kleiner Angeber.» Versucht sie der andere immer noch zu überholen, knufft sie ihn tatsächlich mit den Zähnen. Nützt auch das nichts, beißt sie zu, wenn er an ihr vorüberkommt. Jeder Verletzung der Verhaltensregeln innerhalb der Herde folgt die Strafe auf dem Fuß, und meist dauert der Vorfall nur Sekunden. Selbst wenn es dem Herausforderer schließlich gelingt zu überholen, beruhigen sich die Pferde schnell wieder und gehen friedlich hintereinander weiter. Wenn ich mich also einem Pferd mit starkem Charakter gegenübersehe, das mich morgens beim Füttern zur Seite zu stoßen versucht und mir sagt «Geh weg, du gräßlicher Knirps», zahle ich sofort mit gleicher Münze zurück und drohe mit der Faust, wie sie (meist ist es eine Stute) einem anderen Pferd mit dem Kopf drohen würde. Sobald ich die Faust schwinge, springt sie in ihre Ecke der Box zurück, hebt den Kopf, sieht mich an und sagt «Was zum Teufel soll das bedeuten». Wenn ich das Futter in die Krippe schütte, kommt sie aber ganz zufrieden wieder nach vorn. So geht es zwei bis drei Tage. Wenn ich morgens herauskomme, sagt sie «Wo zum Kuckuck bleibt mein Frühstück», ich bringe es ihr, sie versucht mich wegzustoßen, ich schwinge die Faust und sage «Zurück, der Boss bin ich». Nach drei bis vier Tagen habe ich es ohne jeden Kampf und ohne sie im mindesten zu erschrecken erreicht, daß sie mich als Boss anerkennt und tut, was ich ihr sage. Es ist höchst unwahrscheinlich, daß ich sie mit der Faust wirklich an irgendeiner Stelle ihres Körpers berühre; die Drohgebärde wird nur gemimt. Ist meine dominierende Stellung erst gefestigt, können wir die nächste Phase in Angriff nehmen, d. h. ich fange an, sie zu reiten.

Die Pferde, die zu uns geschickt werden, damit wir sie nach

unserer Methode zähmen, kommen aus allen Teilen des Landes, die meisten aber kommen aus einem Umkreis von zwanzig bis dreißig Kilometer. Wenn sie ankommen, paßt es uns manchmal nicht, gleich mit der Arbeit anzufangen, und dann übertragen wir die anfängliche Arbeit einem der anderen Pferde. Die Pferde übernehmen sogar einen Großteil des Zähmens für uns. Das ist nicht so merkwürdig, wie es klingt, denn es bedeutet nicht mehr, als daß wir den Neuankömmling mit einem der ausgeglichensten und erfahrensten Pferde, die wir haben, zusammen auf die Weide schicken und dieses dann den Schulmeister spielt. Beide werden jeden Tag gefüttert. Wenn wir ihnen das erste Mal das Futter bringen, rast das neue Pferd so schnell es kann zum anderen Ende der Koppel, während das alte Pferd natürlich zu uns hergetrabt kommt, sobald es das Futter sieht. Dann verteilen wir das Futter in zwei etwa zwanzig Meter voneinander entfernte Eimer und sprechen mit dem alten Pferd, während es frißt. Von dem zu zähmenden Pferd nehmen wir überhaupt keine Notiz. Nach einer Weile kommt das neue Pferd näher und sieht nach, was das alte Pferd frißt, zu uns hält es aber immer einen Abstand von mindestens zwanzig Meter. Wenn Jack, Tabby, Iantella, Rostellan oder wer es gerade ist, aufgefressen hat, gehen wir weg und lassen sie allein. Natürlich sieht Jack dann nach, ob auch in dem zweiten Eimer etwas zu fressen ist, und frißt auch diese Portion auf, aber wir lassen ihn ruhig. Dann kommt das junge Pferd heran und beriecht, was im ersten Eimer war, und dann geht es hinüber und erkundet, was das alte Pferd jetzt zu fressen hat. Nach ein, zwei Tagen fängt auch das junge Pferd an, aus dem Eimer zu fressen, und dann sprechen wir mit ihm ebenso wie mit Jack. Vielleicht läuft es wieder auf und davon, aber wenn es das tut, kommt es mit Sicherheit wieder zu seinem Eimer zurück. Innerhalb von acht bis zehn Tagen kann ich geradewegs zu dem Eimer gehen, leise mit ihm sprechen und es anblasen, es vielleicht sogar mit der Hand berühren. Ich bin als Mitglied seiner besonderen Herde anerkannt.

Wenn es etwa eine Woche aus dem Eimer gefressen hat, fangen wir an, die beiden Pferde jeweils für die Hauptmahlzeit in den

Hof zu bringen. Auch das ist wirklich sehr einfach. Meine Frau oder sonst jemand streift dem Schulmeister ein Halfter über und führt ihn herein, und ich lasse den Schüler aus dem Eimer fressen, nehme dann den Eimer auf und gehe zum Hof hinüber. Da noch Futter im Eimer ist, beeilt sich der Schüler, mir zu folgen. Innerhalb kürzester Zeit steckt er einfach den Kopf in den Eimer, ich hebe den Eimer hoch, und er folgt mir, wohin ich will. Damit habe ich ihm beigebracht, sich führen zu lassen, obwohl ich ihm nie ein Halfter angelegt habe. Nach zwei bis drei Tagen halte ich den Eimer nicht mehr hinter mich, wenn ich ihn hereinführe, sondern vor mich, so daß er neben mir geht. Dann ist es nur noch ein kleiner Schritt, bis er neben mir geht und ich ihm den Arm um den Hals legen kann. Wenn ich das erreicht habe, kann ich ihn hereinführen, indem ich ihm einfach den Arm um den Hals lege, und er geht mit dem Kopf unter meinem Arm mit. Der nächste Schritt ist nur logisch: Ich lege ihm einen Strick um den Hals und führe ihn herein. In dieser Phase kann ich ihn auch an das Halfter gewöhnen. Ich stelle den Eimer auf den Boden und halte das Halfter so, daß er seinen Kopf erst durch das Halfter und dann in den Eimer steckt. Wieder ist es ohne jeden Kampf abgegangen. Immer wenn ich mit ihm arbeite, spreche ich in sanftem Ton mit ihm, und sobald er sich berühren läßt, mache ich ihn dadurch handzahm, daß ich mit Hand und Fingern die Liebkosungen der Mutterstute in seinem Fell nachahme und ihm Sicherheit gebe, indem ich mich an ihn lehne und ihm den Arm über den Rücken lege, wie ein anderes Pferd ihm den Hals über den Rücken legen würde.

Nach einer weiteren Woche weiß unser Schüler, daß der größte Teil seines Futters im Stall zu finden ist. Wenn ich das Tor öffne, versucht er mich zur Seite zu stoßen, um schneller zu seinem Futter zu kommen. Wieder gehe ich vor ihm her und drohe ihm mit der Faust, wenn er mich zu überholen versucht, das Zeichen, von dem er weiß, daß es heißt «Zurück, du gräßliches kleines Vieh». Dann wirft er den Kopf hoch und zieht die Bremse an. «Was zum Teufel ist denn mit dir los», sagt er zu mir, und so gehen wir weiter die Straße entlang. Nach ein bis zwei Tagen wird aber wieder feststehen, daß ich der Boss bin und nicht er, und wenn wir heimgehen, geht er brav hinter mir und darf sich nicht vordrängeln. Zu keinem Zeitpunkt brauchte er Angst zu haben, nie wurde er nervös oder zornig.

Einen unseren größten Erfolge erzielten wir mit einer kleinen Stute namens Spitfire. Auf dem Markt in Llanybyther hatte ich sie zum ersten Mal gesehen. Sie hatte ein Fohlen bei Fuß und sollte wieder tragend sein, und als sie mit ihrem Fohlen in den Ring getrieben wurde, sprang sie am anderen Ende geradewegs wieder hinaus, über die Köpfe der Zuschauer hinweg. Es kostete einige Mühe, bis sie wieder im Ring war, und zum Schluß kaufte sie ein Freund von mir. In den nächsten fünf oder sechs Monaten sah ich sie ab und zu, bis mein Freund mich im nächsten Mai fragte, ob er sie gegen eines meiner Pferde eintauschen könne. Er gestand, daß er nichts mit ihr anfangen könne. Das Biest ließ sich nicht fangen, erwies sich als nicht tragend, und er konnte sie nicht einmal wieder zum Hengst bringen – kurz, er drohte, sie auf der Stelle als Hundefutter zu verkaufen, falls ich sie nicht nehmen würde. Ich fuhr hinüber, um sie mir noch einmal anzusehen. Es war eine Dunkelfuchsstute mit silberweißer Mähne und silberweißem Schweif, etwas über 1,30 Meter hoch und acht Jahre alt. Sie hatte zwei oder drei Fohlen gehabt, war aber jetzt anscheinend güst. Es wollte mir nicht einleuchten, daß ein so kräftiges, gesundes Pony einfach erschossen werden sollte; ich ging also auf den Handel ein und machte mich um 6 Uhr abends daran, sie zu fangen.

Das war ein Fehler, denn wenn man etwas mit einem Pferd vorhat, von dem man weiß, daß es schwierig ist, sollte man es nie abends machen. Man sollte immer morgens damit anfangen, damit man den ganzen Tag vor sich hat. Sie war mit einigen anderen Ponys auf der Koppel neben dem Hof, und wir bauten aus Gattern eine Art Laufgang zum Hof. Es waren auch ein paar Leute mit Stöcken dabei, was mir nicht gefiel; ich konnte aber nichts sagen, weil es nicht mein Hof war. Sie stellten sich alle hinter den Gattern auf und warteten auf die Vorstellung, die ihrer Meinung nach nun fällig war. Wir hatten aber gar keine große Mühe. Wir trieben sie mit einem halben Dutzend anderer Ponys in den Hof und dann, nicht ganz so komplikationslos, in eine Einzelbox. Sie versuchte zwar über eine Mauer von 1,80 Meter zu springen, aber zum Glück war jemand auf der anderen Seite, der ihr eins versetzte, als sie die Vorderbeine über die Mauer brachte, so daß sie zurück mußte. Später stellte sich heraus, daß sie diese Mauer früher schon fünfmal gesprungen hatte. Sie hatte auch schon die Eisentore gesprungen, die fast 1,60 Meter hoch waren, und später sollte ich sie noch einmal über eine Absperrung von 1,10 Meter gehen sehen, hinter der es drei Meter steil in die Tiefe ging. Mein Freund versicherte mir, daß sie schon oft versucht hätten, sie in die Einzelbox zu befördern, daß es ihnen zuvor aber noch nie geglückt sei. Wahrscheinlich lag das daran, daß wir die Pferde sehr langsam und vorsichtig in den Hof gebracht hatten. Statt sie zu jagen, hatten wir nur das Gattertor geöffnet und die anderen Ponys gemächlich hereinwandern lassen. Da wir nicht versuchten, Spitfire zu treiben, war sie den anderen gefolgt. Wir hielten immer mindestens zwanzig Meter Abstand zu ihr. Und als sie schließlich alle im Hof waren, konnte sie über die Gatter nicht zurückspringen. Dann brachten wir sie vom großen Hof in den kleinen Hof. Das waren nicht mehr als fünfzig Meter, aber es dauerte eine halbe Stunde, bis wir alle dort hatten. Wir trieben sie aber nie an, drängten sie nur langsam in die Richtung, in die sie gehen sollten.

Nachdem wir die ganze Herde im großen Stall hatten, ließen wir die Pferde eines nach dem anderen wieder heraus. Dreimal versuchte Spitfire durchzukommen, und dreimal wurde ihr die Tür vor der Nase zugeschlagen. Zum Schluß war sie allein in einer ungefähr vier auf fünf Meter großen Box. Jetzt kam der Augenblick der Wahrheit: Ich mußte ihr das Halfter anlegen. Ich ging also in die Box hinein, das Halfter in der Hand, und natürlich sauste sie wie ein geölter Blitz in der Box herum. Wenn sie langsamer wurde, ging ich etwas näher, und mit dieser Beschäftigung verbrachten wir die nächste halbe Stunde. Allmählich hörte sie auf zu rasen, so daß ich in Reichweite kam. Als ich sie auch nur mit den Fingerspitzen berührte, ging sie mit

Zähnen und Vorderhufen auf mich los. Ich gab ihr eins auf die Nase, sie kehrte in ihre Ecke zurück, ich in meine, und wir begannen wieder von vorn. Wieder konnte ich sie nach etwa zwanzig Minuten berühren, und wieder griff sie mich an. Ich schlug ihr auf die Nase, und beide Kontrahenten kehrten in ihre Ecke zurück. Dieses Spiel dauerte über zwei Stunden, und ich sah ein, daß wir so nicht weiterkommen würden. Jedesmal wenn ich sie berührte, griff sie mich an, ich gab ihr eins auf die Nase, und wir gingen in unsere Ecke zurück. Es wurde langsam dunkel, ich mußte mir schnell etwas einfallen lassen. Das einzige, was mir übrigblieb, war, ein vier Meter langes Gatter zu nehmen und es quer in die Box zu stellen. Dann drängte ich sie damit langsam an die Wand. Als ich es zur Hälfte geschafft hatte, zog sie sich ein wenig zusammen und schnellte über das Gatter weg. Also fing ich wieder von vorn an. Nach weiteren zwanzig Minuten hatte ich sie an der Wand und konnte sie anfassen. Ich fuhr ihr mit der Hand über den Mähnenkamm, und sie brachte es fertig, den Kopf zu drehen und mir ein Stück aus dem Ärmel zu beißen. Ich wich zurück. Sobald ich zurücktrat, kam sie unter dem Gatter durch – sie hob es einfach mit dem Kopf hoch. Also fing ich wieder an. Unter pausenlosem Reden mit ruhiger, freundlicher und friedlicher Stimme drängte ich sie wieder an die Wand, konnte sie berühren und ihr schließlich auch das Halfter überstreifen und es befestigen.

Als das geschafft war, kam jedoch das Problem, wie ich sie hinausführen sollte. Das erwies sich jedoch als weniger schwierig. Ich knüpfte einen zweiten Halfterstrick an den ersten und ließ sie hinter dem Gatter herauskommen; dann entfernte ich das Gatter und ließ sie um mich herumgehen. Dabei begann ich, das Seil zu verkürzen, aber als ich wieder näherkam, ging sie wieder mit Zähnen und Hufen auf mich los. Ich ließ sie an mir vorbeischießen und kam neben ihre Schulter zu stehen. Es gelang mir, das Halfter genau unterm Kinn zu erwischen, und sobald ich es festhatte und sie meinen Körper an ihrem spürte, begann sie sich zu beruhigen. Langsam wurde sie ruhiger, bis sie mit mir immer im Kreis herumging, wobei ich mich an ihre Schulter lehnte. Dann führte ich sie auf den Hof und ohne größere Schwierigkeiten in den Transporter, wo ich sie kurz anband, damit ich sie leicht losbinden konnte. Es war mein Glück, daß sie zwar mit Zähnen und Vorderhufen auf mich losging, aber nicht ausschlug. Dann fuhr ich sie zu mir nach Hause und band sie im Stall über Nacht an.

Ich muß an dieser Stelle erklären, was die Stute und ich zueinander sagten. Sobald sie sich in der Einzelbox befand, konnte ich mich auf sie konzentrieren und wandte meine normale Beruhigungsmethode mit Stimme und ASW an. Als ich sie berührte, reagierte sie mit einem Angriff. Offensichtlich war sie früher sehr schlecht behandelt worden und daher zu der Überzeugung gelangt, daß der beste Ausweg darin bestand, jeden anzugreifen, der sie anzufassen versuchte. Sie griff mich also an und sagte damit «Zurück, zurück, zurück, oder ich mache Hackfleisch aus dir», und als Antwort gab ich ihr eins auf die Nase und sagte «Wenn du nicht zurückgehst, mache ich Hackfleisch aus *dir*», und das solange, bis wir uns wieder in unsere Ecken zurückzogen und von vorn anfangen konnten. Hätte ich nun genug Zeit gehabt, d. h. wenn ich morgens angefangen hätte, wie es richtig gewesen wäre, hätten wir dieses Spiel vier oder fünf Stunden lang durchgehalten, bis ich sie hätte anfassen können, und dann hätte ich ihr das Halfter ganz ohne Schwierigkeiten umlegen können. Da Zeit und Tageslicht jedoch knapp wurden und es das Allerschlimmste gewesen wäre, wegzugehen, sie über Nacht sich selbst zu überlassen und am andern Morgen wiederzukommen, mußte ich zu anderen Mitteln greifen, um ihr das Halfter anlegen zu können – Methoden, die ich normalerweise nicht benutze.

Die darauffolgende Woche fütterte und tränkte ich sie dreimal am Tag, führte sie herum, nahm nach meiner Methode Kontakt mit ihr auf und beschäftigte mich mit ihr, bis sie sich entspannte und mir vertraute. Sie ließ es sogar sein, statt des Hafers, den ich ihr brachte, zum Frühstück mich verspeisen zu wollen. Danach kam die nächste Stufe: sie an das Halfter zu gewöhnen. Da ich sie in dem großen Stallgebäude untergebracht hatte, wo sie in einem besonderen Ständer angebunden war, ließ ich sie frei im Raum herumlaufen, und natürlich sauste sie wie der Teufel um mich herum, bis sie schließlich wieder in ihrem Ständer landete. Ich ließ sie zwei bis drei Minuten dort stehen, dann ging ich zu ihr hin und redete mit ihr, damit sie sich entspannte und ich aus meiner eigenen Entspanntheit heraus mittels ASW auf sie einwirken konnte. Dann gelang es mir, mit den Fingern ihre Schultern zu berühren, langsam den Arm über ihren Hals zu schieben und ihr das Halfter anzulegen. Danach ließ ich sie nachts mit den anderen Pferden auf die Weide, aber es war natürlich immer etwas zeitraubend, sie wieder hereinzuholen. Selbst wenn eine ganze Menge Leute um den Hof herumstanden, suchte sie sich den kleinsten aus, sprang an dieser Stelle und suchte wieder das Weite. Im Verlauf von zwei Monaten wurde es aber allmählich besser mit ihr, bis man nur noch das Tor zu öffnen brauchte, wenn die Pferde hereinkamen, und sie ging den Weg entlang und in den Stall. Beim Reiten hatte ich nie die geringsten Schwierigkeiten mit ihr und konnte sie vom ersten Tag an ausschließlich mittels ASW lenken und beherrschen. Sie erwies sich als wundervolles Reitpferd – und natürlich als fantastisches Springpferd. Aber es dauerte lange, bevor sie in aller Ruhe hereinkam, und neun Monate brauchten wir, bis sie sich ohne Schwierigkeiten beschlagen ließ. Nur weil ich sie immer in einer Sprache ansprach, die sie verstand, baute sie ganz langsam ihren Haß auf die Menschheit ab und mochte mich schließlich sogar ausgesprochen gern.

Den nächsten Winter verbrachte sie mit den übrigen Pferden auf der Koppel, und um Weihnachten herum kam sie auf der Weide freiwillig auf mich zu und fraß aus dem Eimer, und ich konnte sie mit der Nase im Eimer ohne weiteres in den Stall führen. Ende Juni hatte sie sich beruhigt und war ganz friedlich, obwohl sie unter dem Reiter immer noch sehr schnell und temperamentvoll war. Für einen Anfänger wäre sie nicht geeignet gewesen. Ich verkaufte sie an ein junges Ehepaar unten in Glamorgan, und sie waren auch sehr zufrieden mit ihr, bis die junge Frau ein Baby erwartete und ihr Mann entschied, daß die Stute zu heftig für sie sei. Deshalb brachten sie sie wieder nach

Llanybyther zum Verkauf. Ich wußte, daß sie da war, als ich einen Fuß auf den Markt gesetzt hatte. Ich konnte es spüren. Ich ging geradewegs zum großen Stall, und da war meine geliebte Spitfire. Ich hatte es schon bedauert, sie verkauft zu haben, kaufte sie also zurück, und sie ist nun tragend von einem Angloaraberhengst. Hoffentlich wird das Fohlen halb so gut wie die Mutter. Sie war ein Fall, bei dem überhaupt nur meine freundliche Methode noch etwas ausrichten konnte. Wenn wir sie nicht in die Hände bekommen hätten, wäre sie erschossen worden.

Natürlich habe ich lieber mit einem komplizierten Pferd zu tun als mit einem unkomplizierten, leicht zu behandelnden. Es macht mir ein Riesenvergnügen, wenn ein Pferd, mit dem niemand etwas anfangen kann und das sich nicht reiten läßt, anfängt, Freude an seiner Arbeit zu haben und von selbst alles richtig machen will.

Erst wenn ich ein Pferd ruhig und friedlich gemacht habe, fange ich an, es zu reiten. Das geht sehr einfach vonstatten, und der Ablauf ist immer gleich. An dem Tag, an dem ich ein Pferd zum ersten Mal reiten will, gehe ich morgens in die Box und beschäftige mich fünf Minuten liebevoll mit ihm. Wenn es sich meine Liebkosungen gefallen läßt, lege ich meine Finger auf die Gurtenfurche, d. h. dorthin, wo der Bauch zur Schulter hin wieder schmaler wird. Das Fell zuckt, die Ohren spielen vor und zurück, während ich meine Finger kreisen lasse. «So ist er brav.» Dann folgen die Finger der anderen Hand, dann beide Hände flach auf dem Pferdeleib. Die Kreise werden größer, ich lehne mich über den Rücken und arbeite mich mit gleichförmigen Bewegungen nach oben und über den Rücken, streiche über beide Halsseiten. Es macht einen Schritt nach vorn, also gehe ich wieder etwas zurück, bis es sich beruhigt hat und beide Ohren wieder nach vorn zeigen. Jetzt entspannen sich seine Muskeln, alle Spannung fällt ab, wir haben geistige Übereinstimmung erreicht. Den Hals hinauf – unterm Kinn juckt es, also kratze ich dort. Nun ist die Zeit für das Halfter gekommen, also arbeite ich mich zurück, nehme das Halfter, arbeite mich wieder hinauf, streife das Halfter von der anderen Seite her über, ziehe es über die Ohren. Es wird nur lose geschlossen, dann drücke ich meiner Frau den Strick zum Halten in die Hand. Nun lege ich den Sattel auf, mit lose herabhängendem Gurt und losen Steigbügeln. Das Pferd verspannt sich und geht vorwärts. Meine Frau, die es gekrault und gestreichelt hat, geht mit, ohne mit dem Streicheln aufzuhören. Ich nehme den Sattel herunter; das Pferd bleibt stehen. Sattel wieder hinauf, mit einer Hand unter dem Bauch durch sacht nach dem Gurt gegriffen, eine Schnalle lose geschlossen, dabei reden, reden, reden. Nun wird die zweite Schnalle etwas fester angezogen, dann die erste, dann wird der Gurt überhaupt so fest wie möglich angezogen. Das paßt dem Pferd nicht; es geht in der Box herum, aber meine Frau geht mit und spricht mit ihm, krault es. Es steht still. Noch etwas fester, nun die Trense mit einem maulfreundlichen Olivenkopfgebiß – vorsichtig ins Maul geschoben. Ich lehne mich an den Pferdekörper, kraule an der Schulter, an der Flanke, hebe mein linkes Bein an. Meine Frau schiebt mich hoch, ich liege über dem Rücken. Das Pferd setzt sich in Bewegung, ich lasse mich heruntergleiten und gehe nebenher, bis es wieder anhält. Ich schiebe mich wieder in den Sattel, bringe das Bein auf die andere Seite, richte mich langsam auf, rede, kraule weiter, angle nach den Steigbügeln. Das Pferd geht in der Box herum, hält an, meine Frau befestigt den Halfterstrick um den Hals, öffnet die Stalltür und geht hinaus. Das Pferd folgt ihr, schaut zur Tür hinaus auf die Straße zum Berg hinauf. Ich schnalze mit der Zunge, wir gehen durch die Tür, durchs Tor hinaus und die Straße entlang, meine Frau immer vier bis fünf Meter voraus. Nach vierzig bis fünfzig Meter sage ich «Ho» und ziehe leicht die Zügel an. Meine Frau hält an, und das Pferd tut es ihr gleich. Ich schnalze mit der Zunge, meine Frau geht weiter, das Pferd folgt ihr. Vierzig Meter, «Ho», und wir halten an. Ein Schnalzen, und wir gehen weiter. Nach drei- oder viermal hält das Pferd auf Kommando an und geht auf Kommando weiter, und dann machen wir kehrt und gehen zurück, ununterbrochen redend, alle dreißig bis vierzig Meter wieder Halt und wieder vorwärts. Aber nun ist meine Frau fünfzig Meter hinter uns. In den Hof, in den Stall, schnell und sacht aus dem Sattel.

Wenn man ein junges Pferd auf der Weide oder im Stall fangen oder es berühren will, bevor es handzahm geworden ist, darf man sich ihm nie von vorn oder von hinten nähern, sondern immer rechtwinklig von der Seite, etwa in der Körpermitte. Man muß entspannt und geistig auf das Pferd eingestellt sein. Wenn Pferd und Mensch aufeinander eingestellt sind und auf derselben Wellenlänge denken, kann man sich sogar eine ganze Menge Fehler ohne Schaden erlauben; wenn man sich dagegen nicht versteht, gibt es von Anfang an Schwierigkeiten, und es wird ein einziger Kampf. Wir versuchen immer, mit unseren Pferden auf begrenztem Raum zu arbeiten, ungefähr drei auf drei Meter, weil das unserer Ansicht nach genau die richtige Größe für maximalen körperlichen und geistigen Kontakt ist und andererseits dem Pferd Platz genug läßt, Abstand zwischen uns zu wahren. Bis zu dem Augenblick, in dem man die Einzelbox verläßt, setzt man ASW, Laute und Zeichen ein, um das Pferd zu beruhigen und zu entspannen. Zur Vorwärtsbewegung und Lenkung ist aber auch Telepathie vonnöten. Man muß sich bildlich vorstellen, wohin man will, damit das Pferd ebenfalls dorthin will. Die ganze Zeit versucht man, das Pferd dazu zu bringen, daß es selbst tun möchte, was es tun soll. Im Anfangsstadium sollte ein Helfer entweder vorausgehen oder das Pferd führen. Sehr schnell jedoch lernt das Pferd die Kommandos, auf die es schon von Natur aus reagiert: ein in die Länge gezogenes «Ho» zum Anhalten und ein Zungenschnalzen zum Vorwärtsgehen. Worte wie «Vorwärts» oder «Trab» versteht es nicht von Natur aus, obwohl es sie später lernen kann. Das Gebiß wird kaum eingesetzt, die Zügel hängen immer durch. Man setzt sich möglichst tief in den Sattel und nimmt die Bügel gut auf, damit man das Pferd besser beherrschen kann, wenn wirklich einmal etwas schiefgeht. (Die Vorstellung, daß es nur *eine* richtige Art zu reiten gibt, stimmt nicht: Die Technik muß sich der Gegebenheit anpassen. Wenn man ein junges Pferd reitet, muß man seinen Sitz entsprechend anpassen: er muß in erster Linie sicher sein. Es hat keinen Sinn, Brust und Hinterteil herauszustrecken und die Fußspitzen auf den Bügeln zu balancieren.)

Das wichtigste ist, daß man die ganze Zeit, solange man mit dem Pferd spricht, absolut und restlos natürlich ist. Das Pferd jedenfalls hat Spaß an dem, was es tut, und das sollte auch für den Reiter gelten. Man muß geistig auf das Pferd eingestellt sein und genau verstehen, was es sagt. Der Reiter versteht, was es heißt, wenn das Pferd seine Muskeln verspannt, er beobachtet die Stellung der Ohren und jegliche Lautäußerungen und Zeichen. Am meisten jedoch spürt er, was das Pferd denkt, und das Pferd spürt, wenn der Reiter entspannt und zufrieden ist.

Der einfachste Weg, ein Pferd an den Reiter zu gewöhnen, ist eine Methode, die wir auch sehr oft anwenden, besonders wenn es sich um ein Pferd handelt, das jeden Tag auf die Koppel und abends wieder in den Stall geht. Wenn wir es zwei bis drei Wochen lang hereingeholt haben, ziehe ich es zu einem Wall gleich neben der Koppel und lasse es das Gras auf dem Wall fressen. Vom Wall aus lege ich mich über seinen Rücken und lasse mich von ihm in den Hof tragen. Nach ein paar Tagen bringe ich einfach mein Bein auf die andere Seite und reite es nur mit dem Halfter nach Hause und auf die Weide. Es nimmt es als selbstverständlich hin. Es ist ein Teil seiner natürlichen Lebensgewohnheiten, und es beginnt, die Zeichen und Geräusche zu lernen, die es mit den Gesprächen mit Menschen in Zusammenhang bringt. Wenn es sich daran gewöhnt hat, daß ich auf ihm hinaus- und hineinreite, ist der Schritt bis zu einem halbstündigen Ausflug mit einem Gefährten nur noch ganz klein. Dazu kann ich es ohne Sattel, nur mit einem Halfter, reiten, ich kann es aber auch satteln und zäumen. Wenn ich mit dem Ausreiten anfange, fange ich auch damit an, ihm das Anhalten und Wiederantreten beizubringen, aber höchstens je drei bis vier Minuten lang. Ich nehme das Pferd jeden Tag mit seinem Gefährten zwanzig bis dreißig Minuten lang mit hinaus und übe zwei- bis viermal je drei bis vier Minuten mit ihm.

Zu Demonstrationszwecken fangen wir uns manchmal ein Wildpferd aus den Bergen und bringen es in einer halben bis ganzen Stunde soweit, daß es ganz ruhig unter dem Reiter geht. Wir benutzen dazu einfach die Zeichen und Laute, die das Pferd versteht. Aber normalerweise wendet man ASW und Telepathie bei Pferden an, die an den Menschen gewöhnt und ganz zahm sind, und das Problem besteht nur darin, möglichst schnell Übereinstimmung zu erzielen und das Pferd dazu zu bringen, daß es tun möchte, was es tun soll. Nach unseren Methoden braucht man einem Pferd nicht beizubringen, auf bestimmte Kommandos zu reagieren, damit es tut, was man von ihm verlangt: Es besteht überhaupt kein Grund, warum ein Pferd wissen sollte, was die Wörter «Schritt» und «Trab» bedeuten.

Es gibt eine Geschichte von einem Wilddieb, der von einem Polizisten angehalten und angeklagt wurde, seinen Hund zum Wildern abgerichtet zu haben. Er antwortete dem Wachtmeister, sein Hund jage keine Kaninchen, was dieser ihm aber nicht abnahm, so daß der Wilddieb schließlich sagte: «Na gut, ich zeige es Ihnen.» Die drei gingen auf ein Feld, wo es von Kaninchen nur so wimmelte, und der Wilddieb sagte: «Los, fang eines.» Der Hund rührte sich nicht. Sooft er auch sagte: «Los, fang eines» – der Hund rührte sich nicht von der Stelle, und schließlich gab der Polizist wütend auf und ging. Kaum war er außer Sicht, sagte der Wilddieb zu seinem Hund «Bei Fuß», und der Hund schoß davon und fing ein Kaninchen. Kurz gesagt: Menschliche Kommandoworte bedeuten einem Tier nichts und müssen ihm erst beigebracht werden. Wenn man jedoch Zeichen und Laute verwendet, die das Pferd von Natur aus versteht, erhält man eine natürliche Reaktion, und das macht die Ausbildung eines Pferdes unendlich viel einfacher.

12 Mensch und Pferd im Einklang

Wer verstehen lernen will, was ein Pferd zu sagen versucht, und ihm begreiflich machen will, was von ihm verlangt wird, braucht nur drei Dinge: Geduld, Verständnis und unbegrenzte Zeit.

Geduld braucht man für die endlosen Stunden, die man mit der Beobachtung und dem Lernen der Zeichen und Laute verbringt, die das Pferd bei der Verständigung mit dem Menschen oder mit anderen Pferden gebraucht. Verständnis braucht man um zu begreifen, daß ein Pferd anders denkt und reagiert als ein Mensch, und unbegrenzte Zeit, um die Aufgabe zu vollenden; denn eine Aufgabe ist es schon – eine, für die wir zwanzig Jahre gebraucht haben. Die wichtigste Voraussetzung ist Verständnis. Wer in seinem Pferd einen zweiten Menschen sieht, wird es nie verstehen können und wird sich ihm nie deutlich verständlich machen können. Man braucht nur eine Herde Wildpferde in Freiheit zu beobachten um zu sehen, daß sie sich in Verhalten und Reaktionen grundsätzlich vom Menschen unterscheiden. Da nähert sich ein Pferd einem anderen, und dieses dreht sich um und greift es mit Zähnen und Hufen an. Daraus zu schließen, daß sie Feinde sind, wäre jedoch grundfalsch. Auch die freundlichsten Pferde beißen und schlagen sich oft, so wie Menschen sich miteinander streiten, aber es handelt sich immer um eine momentane Reaktion, die sofort wieder vorüber ist. Ein Pferd ist kein Mensch, und nichts ist dem Verständnis für ein Tier schädlicher als es zu vermenschlichen, d. h. Tieren menschliche Persönlichkeit und menschliches Verhalten zu unterstellen.

Man darf auch nicht vergessen, daß keine zwei Tiere auf die gleichen Reize in gleicher Weise reagieren. Wenn man das weiß und verstehen möchte, was ein Pferd zum Ausdruck bringen will, fängt man wohl am besten damit an, daß man diejenigen Zeichen und Laute, die man von diesem Pferd bereits kennt, in eine Art Ordnung zu bringen versucht. Es wird sich herausstellen, daß man überraschend viele schon kennt. Wenn man engen Kontakt zu vielen Pferden hat, fängt man am besten damit an, sich auf ein einzelnes Pferd, dem man sich besonders verbunden fühlt, zu konzentrieren. Wenn man erst einmal gemerkt hat, wieviel von dem, was es sagt, man schon versteht, kann man die Liste erweitern. Es geht ziemlich langsam voran, aber wenn man sich wirklich darauf konzentriert, sollte man nach sechs Monaten das meiste verstehen können. Man sollte zwischen fünfundzwanzig und dreißig elementare Botschaften gesammelt haben. Dann kann man dazu übergehen, die Zeichen und Laute anderer Pferde, mit denen man in Berührung kommt, zu untersuchen und herauszufinden versuchen, wie sie dieselbe elementare Botschaft ausdrücken. Wenn man z. B. zwanzig Pferde beobachten kann und die elementare Botschaft «Begrüßung» nimmt, findet man wahrscheinlich acht bis zwölf verschiedene Ausdrucksmöglichkeiten dafür, und die fügt man dann seinem Verzeichnis hinzu.

Sobald die Liste der elementaren Botschaften komplett ist (siebenundvierzig insgesamt), kann man sein eigenes Vokabular bei der Kommunikation mit dem Pferd erweitern. Dazu benützt man natürlich die Stimme; aber die Worte, die man gebraucht, sind ganz ohne Bedeutung; wichtig ist für das Tier allein der Tonfall. Der Löwendompteur Alex Kerr erzählte gern davon, wie lange er für die Ausbildung eines Löwen oder eines Tigers brauchte, daß es manchmal fünf oder sechs Stunden dauerte, bis ein Tier einen Trick richtig ausführte. Die ganze Zeit über sprach er mit dem betreffenden Tier, und mit der Zeit fand er heraus, daß er seine eigene Spannung nur abbauen konnte, wenn er fluchte. Deshalb lernte er in möglichst vielen Sprachen fluchen. Mit weicher, freundlicher, liebevoller Stimme sprach er die gräßlichsten Flüche unter der Sonne aus – er verfluchte seine Löwen und Tiger, um sich Luft zu machen, bevor er ernstlich die Beherrschung verlor.

Wenn man Zeichen anwendet, darf man nicht mehr daran denken, daß Hände Hände und Arme Arme sind – sie werden zu Hals und Kopf, so daß es für das Pferd die Liebkosung mit Hals und Kopf eines anderen Pferdes ist, wenn man es streichelt, und ein Biß, wenn man ihm einen Klaps gibt. Andere Bewegungen wiederum sind denen des Pferdes sowieso sehr ähnlich: unsere Beine bewegen sich nicht viel anders als die Hinterbeine des Pferdes. Wenn ein Pferd also ausschlägt, ist das genau die gleiche Bewegung wie die, mit der ein Mensch jemand einen Tritt gibt. Und wenn es wirklich ausschlägt, ist es sehr wichtig, daß der Mensch sofort mit seinem Bein zurückschlägt, weil es sonst denkt, daß es ihn mit seinem Zorn eingeschüchtert hat. Nach sechs Wochen Krankenhausaufenthalt hat es allerdings keinen Zweck mehr… Wenn in einer Herde ein untergeordnetes Pferd gegen das Leittier ausschlägt, schlägt dieses sehr viel härter und bestimmter zurück. Wenn aber das Leittier nach einem untergeordneten schlägt, räumt dieses das Feld. Wenn man also das Feld räumt, sobald ein Pferd ausschlägt, nimmt es sofort an, daß dieser Mensch ihm in der sozialen Hierarchie der Herde unterlegen ist. Nur wenn man zurückschlägt, wird man als Leittier anerkannt.

Wenn man alle Zeichen und Laute der Pferde, mit denen man zu tun hat, interpretieren kann, und wenn sie verstehen können, was man zu ihnen sagt, kann man damit anfangen, die eigenen Gefühle und Instinkte zur Interpretation der über ASW vermittelten Botschaften zu benutzen. Das ist weniger revolutionär, als es klingt. Es handelt sich um nichts weiter als die Erweiterung einer Fähigkeit, von der man die ganze Zeit über schon Gebrauch gemacht hat, denn wenn man erst einmal dieses Gefühl des Einsseins mit einem Pferd erlebt hat, fehlt nicht mehr viel dazu, daß man auch dessen Stimmungen und Gefühle interpretieren kann.

Im Anfangsstadium sollte man zumindest wissen, ob ein Pferd entspannt oder erregt ist, und zwar bevor man es gesehen hat. Vorausgesetzt, Mensch und Pferd denken wirklich auf ungefähr der gleichen Wellenlänge, wächst das Verständnis, je mehr der Mensch sich mit dem Pferd befaßt. Die größte Schwierigkeit und die Gefahr, vor der man immer auf der Hut sein muß, besteht bei der außersinnlichen Wahrnehmung in der Tatsache, daß jeder gerne glauben möchte, daß er dazu in der Lage ist und tatsächlich eine Verbindung zu seinem Pferd – oder zu einem anderen Tier, mit dem er sich befaßt – herstellen kann. Wir haben bei vielen Leuten festgestellt, daß ein gewisses Maß an Reaktion auf ASW zwar vorhanden war, daß die Einbildungskraft aber bei weitem den größten Teil ausmachte. Wenn man wirklich zu einem Pferd durchkommt, weiß man, was es fühlt und was es als nächstes tun wird, und die Gewißheit dieses Wissens ist so groß, daß kein Raum für Zweifel ist – man kann sich einfach nicht irren. Ein Teil dieses Wissens stammt natürlich davon, daß man seine Augen und Ohren gebraucht und das Pferd und seine Reaktionen kennt – wenn ein Pferd die Ohren zurücklegt und den Rücken aufwölbt, weiß man, daß es buckeln will. Wenn man aber in Verbindung steht zu einem Pferd, kann man spüren, wie sich die Spannung steigert und die Knoten sich im eigenen Leib immer stärker zusammenziehen, lange bevor es ein sichtbares Zeichen dafür gibt. Man spürt den Hunger und die Ungeduld eines Pferdes schon, während man noch in Richtung Futterkammer geht, selbst wenn man das Tier nicht sehen kann, und lange bevor es gegen seine Futterschüssel klopft und hungrig wiehert.

Eine Art, diese außersinnliche Beziehung zu einem Pferd auszubauen, besteht darin, es ohne Zügelhilfen zu reiten und ausschließlich mit Gedankenübertragung zu lenken und zu beherrschen. Anfangs ist das recht schwierig, aber mit der Zeit wird es immer besser. Man darf dabei allerdings nicht vergessen, daß man eine Methode der Kommunikation benutzt, die dem Willen des einzelnen freies Spiel läßt. Vielleicht ist das Pferd anderer Ansicht, und dann hat man keine Macht über es und kann nur auf seinen guten Charakter bauen. Es kann vorkommen, daß man sagt «Links herum», und das Pferd sagt «Nein, ich will aber rechts herum». Man sagt «Antraben», und es antwortet vielleicht «Ich denke gar nicht daran». Wenn die telepathische und außersinnliche Wahrnehmung jedoch in beiden Richtungen einwandfrei funktioniert, wird das sehr selten vorkommen, weil beide die gleiche Zielvorstellung haben.

Auch ich habe gelegentlich Ärger mit der freien Willensäußerung. Wenn ich die Pferde auf die Weide bringen will, lasse ich sie im Hof frei, und sie gehen die Straße hinunter oder den Hügel hinauf zu der Weide, zu der ich sie mit einer Mischung aus Gewohnheit ihrerseits und telepathischen Botschaften meinerseits dirigiere. Aber manchmal sagen sie «Schön blöd müßten wir sein, wenn wir dahin gingen, wir wollen woanders hin», und dann kann ich rennen wie ein geölter Blitz, damit ich sie noch rechtzeitig einhole und mich an die Spitze setzen kann. Solche

Konflikte sind unvermeidlich. Wenn man ein Pferd mit geistigen Mitteln dirigiert, muß man ihm auch die Freiheit lassen, diese Vorschläge aus freiem Willen anzunehmen oder abzulehnen. Je mehr man zu einem Pferd durchkommt, und je mehr das Pferd zum Menschen durchkommt, desto seltener wird solch eine Ablehnung sein.

Menschen mit schwachem Charakter möchte ich an dieser Stelle jedoch ausdrücklich vor der Anwendung meiner Methoden warnen. Seien Sie auf der Hut, damit Ihnen nicht eines schönen Tages irgend so ein fauler Vierbeiner vorschreibt, was Sie zu tun und zu denken haben, während Sie sechzig Stunden in der Woche schuften, damit es ihm auch ja an nichts fehlt!

Schlußwort für den Pferdebesitzer

Die schlimmsten Schwierigkeiten zwischen Pferd und Besitzer gibt es, wenn die zwei einfach nicht zueinander passen. Entweder ist das Pferd temperamentsmäßig nicht für seinen Besitzer geeignet, oder es erfüllt nicht den Zweck, für den es gekauft wurde. Ein nervöser Mensch z. B. sollte sich nicht auch noch ein leicht erregbares Pferd kaufen, und jemandem, der schnelle Ritte liebt, ist nicht mit einem Pferd gedient, das am liebsten herumsteht und den Horizont betrachtet.

Deshalb ist der Kauf eines Pferdes ein so wichtiger Augenblick und verdient ein Gutteil mehr Überlegung und Vorbereitung, als ihm normalerweise zuteil wird. Vor allem ist es wichtig, das Pferd auszuwählen, zu dem man eine geistige Beziehung hat, das Pferd, das sich mit Ihnen zu unterhalten scheint und mit niemand sonst.

Sie haben nun also ein Pferd gekauft, es nach Hause geholt, und alle örtlichen «Pferdemenschen» sind zur Besichtigung erschienen und haben Ihnen ins Gesicht lauter Komplimente und hinter

Ihrem Rücken lauter Bosheiten gesagt. Das ist absolut unvermeidlich. Was für ein Pferd Sie auch kaufen – sie werden hinter Ihrem Rücken immer etwas zu kritisieren finden. Aber wenn das überstanden ist und Sie alle Garantien gründlich überprüft haben, wird es Zeit, mit dem Pferd zu arbeiten. Wenn es auf der Koppel steht, ist es zumindest am Anfang äußerst wichtig, daß Sie es jeden Tag besuchen, sich mit ihm befassen und mit ihm sprechen. Das heißt ganz einfach, daß Sie – ob Sie es reiten wollen oder nicht – jeden Tag eine halbe Stunde bis eine Stunde auf der Weide mit ihm sprechen. Und natürlich nützt es überhaupt nichts, wenn Sie am einen Ende der Koppel stehen und das Pferd am anderen, und Sie brüllen ihm Ihre Konversation zu. Sie müssen sich die Taschen voller Pferdekorn und sonstiger Leckerbissen stecken, zu ihm hingehen, ihm immer wieder ein paar Brocken geben, mit ihm sprechen, es beobachten und gründlich kennenlernen. Es als Persönlichkeit kennenlernen. Daß Sie Verbindung mit ihm bekommen, werden Sie an zwei Dingen merken: erstens daran, daß es zur Begrüßung wiehert und herkommt, um sich mit Ihnen zu unterhalten, und zweitens daran, daß es anfängt, alle anderen Pferde auf der Koppel zu vertreiben, wenn sie ebenfalls herkommen und sich mit Ihnen unterhalten wollen. Das beweist Ihnen, daß Sie «sein Besitz» geworden sind, ihm gehören, und daß es zu Ihnen halten und alles für Sie tun wird.

Natürlich steht Ihr Pferd auch im Stall, vielleicht nur zum Satteln und Aufzäumen, vielleicht sogar immer. Aber hier wird die wirklich wichtige Arbeit geleistet. Ihr Pferd muß Sie verstehen lernen, muß ganz klar und deutlich verstehen lernen, was Sie von ihm wollen, und Sie müssen dabei sehr konsequent vorgehen. Es hat keinen Zweck, es heute aus der Jackentasche fressen zu lassen und ihm morgen eins auf die Nase zu geben, wenn es genau das tut. Hier im Stall müssen Sie ihm beibringen, daß es für Sie ein rangniederes Herdenmitglied ist und Sie der Boss sind. Lassen Sie sich von ihm nicht herumschubsen, und wenn es beißt und schlägt, schlagen und «beißen» Sie zurück. Etwas anderes gibt es nicht. So wie das Pferd Ihnen in allem völlig vertrauen können muß, so müssen auch Sie ihm völlig

vertrauen können. Sie werden das Pferd nie vom Sattel aus beherrschen können, wenn Sie es zu Fuß nicht beherrschen. Wenn
Sie sich am Boden vor ihm fürchten, werden Sie die Angst auch
auf seinem Rücken nicht los, und Zutrauen zu einem Pferd entwickelt sich am Boden und im Stall.

Wenn Ihnen das nicht gelingt, ist es viel besser, es sofort an
jemand zu verkaufen, der mit ihm umgehen kann, als es selbst zu
behalten. Es geht mir dabei weniger um Sie als um das Pferd, das
sich bei Ihnen nie wohlfühlen wird. Es zeugt von einer gehörigen
Portion Arroganz, sich einzubilden, daß sich niemand so gut um
das Pferd kümmern kann wie man selbst, daß niemand es so
lieben wird wie man selbst. Die meisten Leute lieben ihre Pferde,
sonst würden sie sich keine halten, und die meisten Leute kümmern sich um sie, so gut sie es verstehen. Deshalb ist es für das
Pferd wichtig, im Besitz von jemand zu sein, der mit ihm umgehen und es verstehen kann, und nicht im Besitz von jemand,
der ein bißchen Angst vor ihm hat. Ein verzogenes Pferd gleicht
in vielem einem verzogenen Kind: es ist unglücklich, unzu-
frieden und fordert schlechte Behandlung geradezu heraus.
Meiner Meinung nach besteht die falsche Behandlung von Pferden heutzutage viel mehr in übergroßer Nachgiebigkeit und
Mangel an Disziplin als in tatsächlicher Grausamkeit.

Wenn Sie mit dem Pferd im Stall oder auf der Weide zusammen
sind, oder wenn Sie es reiten, sprechen Sie immer mit ihm und
versuchen Sie die Zeichen und Laute zu beobachten und zu verstehen, mit denen es sich Ihnen mitzuteilen sucht. So wächst
das gegenseitige Verständnis und damit auch die Leistung.

Die Fütterung ist ganz einfach. Ein Pferd sollte gut, aber nicht
zu gut gefüttert werden. Über die Fütterung von Pferden gibt
es unzählige Bücher, weshalb ich mir hier die Einzelheiten sparen
kann. Beim Weidegang sollte man immer daran denken, daß das
Pferd sein Futter gern auswählt und daß eine Weide, die dem
Laien paradiesisch erscheinen mag, dem Pferd vielleicht nicht
einmal ausreichend Futter bietet, weil es nur kurzes, süßes Gras
frißt und hartes Gras nicht mag. Langhalmiges, geiles Gras ist
für Pferde und Ponys nicht geeignet.

Über die Disziplin zu ebener Erde habe ich schon gesprochen; die Disziplin unter dem Sattel ist ganz ähnlich. Es ist zwar unser Ziel, daß unseren Pferden die Arbeit soviel Freude wie möglich macht, aber es kann auch vorkommen, daß ein Pferd einmal etwas tun muß, was ihm keine Freude macht. Ganz gleich, was wir von einem Pferd verlangen – es hat zu tun, was von ihm verlangt wird. Ich sage immer, wenn ich von einem Pferd verlange, den Mount Everest zu besteigen, müßte es den Mount Everest besteigen, aber natürlich darf man von einem Pferd nie etwas verlangen, was es einfach nicht tun kann. Wenn man hingegen eine Forderung gestellt hat, muß man solange darauf bestehen, bis sie erfüllt ist. Wir sagen im Umgang mit unseren Pferden zwar immer zuerst «Bitte», aber hinter diesem «Bitte» steht die Entschlossenheit, daß es dieser Aufforderung auf jeden Fall Folge zu leisten hat.

Der Grund dazu wird schon zu ebener Erde gelegt, wenn einem das Pferd im Weg steht und man sagt «Geh mir bitte aus dem Weg». Wenn es dann noch immer da steht, bekommt es einen Klaps, damit es begreift, daß es aus dem Weg gehen muß, weil der Mensch der Boss ist. Das kann man aber nur mit einem Pferd machen, das man kennt und versteht. Es muß so sein, daß das Pferd zwar zurückfährt, wenn es einen Klaps bekommt, und fragt «Womit hab' ich das denn verdient?», zwei Minuten später aber schon wieder zutraulich herankommt. Wir sagen immer, wenn man sich mit einem Pferd streitet, muß man sich hinterher wieder mit ihm versöhnen. Wenn wir einen Kampf mit einem schwierigen Pferd zu bestehen hatten, gehen wir nachher hin und geben uns besonders liebevoll mit ihm ab.

Ich möchte nicht die Vorstellung erwecken, daß ich ein Großteil meiner Zeit damit verbringe, meine Pferde zu verprügeln. Das tue ich nämlich nicht. Bei mir gibt es nur sehr selten einen Klaps oder gar Prügel, und ich habe beim Reiten nur ausnahmsweise einmal eine Gerte dabei. Da es aber nicht sehr sinnvoll ist, Ratschläge zur Behandlung von Pferden zu erteilen, die sich einwandfrei benehmen, habe ich Ausnahmefälle erwähnt, bei denen man um Disziplin nicht herumkommt.

Ein Reiter sollte auch richtig schimpfen können, so daß das Pferd am Klang der Stimme erkennt, daß es etwas falsch gemacht hat. Mein Ziel ist es immer, daß ich, wenn ein Pferd etwa drei Wochen bei mir ist, auf die Koppel gehen und «Kommt her, meine Süßen» rufen kann und dann alle Pferde zu mir hergaloppiert kommen. Wenn ich mich zwei bis drei Monate mit einem Pferd befaßt oder es geritten habe, muß ein Pferd alles tun, was ich von ihm verlange, und zwar ohne daß ich es ausdrücklich dazu auffordern muß. Ich habe es gern, wenn meine Pferde im voraus wissen, was ich will. Wenn ich einem Pferd einen Sprung zeige, muß es ihn sofort voller Eifer angehen.

Wenn man einen Ausritt macht, muß man sich darauf freuen, das ist wichtig, aber genauso wichtig ist es, daß auch das Pferd sich darauf freut, denn wenn Reiter und Pferd gleichermaßen Freude an etwas haben, steigert einer noch das Vergnügen des anderen. Wenn Sie gern springen, wird auch Ihr Pferd gern springen und gut springen. Wenn Sie nicht gern springen, wird es auch Ihr Pferd nicht gern tun, und wenn keiner von beiden gern springt sollten Sie es lassen. Das ist das ganze Geheimnis. Tun Sie, was Ihnen Spaß macht, und nicht das, was Ihre Freunde tun.

Achten Sie auf die Zeichen und Laute Ihres Pferdes, aber halten Sie Ihre Einbildungskraft im Zaum. Untermauern Sie alles durch gesunde Beobachtungsgabe. Sagen Sie «Bitte», wenn Sie etwas von Ihrem Pferd verlangen, aber mit soviel Bestimmtheit, daß Sie notfalls Ihren Willen auch durchsetzen können. Vor allem aber verlangen Sie nichts von Ihrem Pferd, was seine Fähigkeiten übersteigt. Arbeiten Sie regelmäßig an seiner Ausbildung, aber lassen Sie den Reitplatz nicht zum Kampfplatz werden. Denken Sie wie ein Pferd, aber statten Sie das Pferd nicht mit menschlichen Eigenschaften, Gefühlen und Reaktionen aus. Es ist kein Mensch – zum Glück für das Pferd!